VIVRE L'EXPATRIATION AVEC DE JEUNES ENFANTS

Un guide pour les parents

Par

DOMINIQUE LAPORTE-MARGINEAN

Voici un extrait d'un poème d'Alex Graham* James qui, je crois, définit exactement en quoi votre enfant grandira de façon unique… et merveilleuse :

« Uniquely me. I am a confusion of cultures. Uniquely me. I think this is good because I can understand the traveller, sojourner, foreigner, the homesickness that comes. I think this is also bad because I cannot be understood by the person who has sown and grown in one place. »

Traduction libre :

«Je suis unique. Je suis un mélange de cultures. Je suis unique. Je pense que c'est bien parce que je peux comprendre le voyageur, l'étranger, le mal du pays qui peut survenir. Je pense que c'est également difficile parce que je ne suis pas compris par les gens qui sont nés et qui ont grandi dans un seul endroit. »

* James, Alex Graham. (1993) «Uniquely Me,» in Scamps, Scholars, and Saints, edited by Jill Dyer and Roger Dyer. Kingswood, SA, Australia :MK Merimna. p.234

REMERCIEMENTS

Je veux remercier mes parents, qui m'ont donné la chance de connaître le concept de l'expatriation depuis que j'ai une couche et qui n'ont jamais freiné mes envies et mon besoin de découvrir le monde.

Je remercie mon amoureux, qui m'a ouvert la porte sur cette dernière expatriation au Texas. Qui a revu, avec moi, notre parentalité dans cette réalité unique pour me permettre de vous donner tout ce contenu en espérant ne rien oublier ! Il est la première personne qui s'est réellement intéressée à mon histoire particulière, et ce, le jour de notre première rencontre.

Je remercie mes quatre enfants, car sans eux je n'aurais pas appris un millième de ce que j'ai compris de la vie, de la maternité et de l'expatriation. J'ai espoir que l'expérience qu'ils vivent aidera à créer un monde meilleur.

Je suis très reconnaissante d'avoir des soeurs qui m'ont permis de constater que l'expatriation, bien qu'en vivant exactement la même en tant qu'enfants d'une même famille, ne génère pas la même expérience selon les personnalités de chacun. Mes soeurs m'aident également à la collecte de souvenirs que ma mémoire peut parfois oublier.

Je remercie chaudement mes amies expatriées, qui ont contribué de près ou de loin à ce projet en partageant des tranches de leur propre vie, que ce soit au sein de notre communauté, dans des conversations privées ou sur mon podcast Texas Mama Blog - Expat. Particulièrement, celles qui ont gracieusement offert de faire une relecture de ce récit afin de l'optimiser.

Je remercie les membres de ma famille d'accueil italienne, qui m'ont accueillie chez eux longtemps puis à plusieurs reprises. J'ai rencontré des gens en or qui m'ont fait vivre au coeur d'une autre culture en me faisant une place immense. Je les aime d'amour.

Je remercie mon amie Véronique Ouellet, qui m'encourage depuis le début à vous partager ce qui me passionne. Un merci particulier aussi à Anna, qui m'a permis d'accoucher enfin de ce livre à travers les dernières étapes.

Je remercie mes amis Ariane, Véronique et Olivier, qui acceptent si bien la différence sans jugement et qui me font sentir que c'est correct de ne pas toujours "fitter" dans la boîte.

Finalement, dans toute l'intensité du propos, je remercie la vie de mettre de si belles opportunités, personnes et expériences sur mon chemin. Tout est pertinent et je suis convaincue que la suite sera passionnante.

TABLE DES MATIÈRES

INTRODUCTION

Le jour où Martin et moi avons décidé d'aller vivre au Texas, nous avions trois enfants de trois ans et moins. Étrangement, nous n'étions pas encore préoccupés pour leur avenir : nous avions plutôt l'impression de leur offrir « L'EXPÉRIENCE D'UNE VIE »!

Quand tu as la chance de venir du Québec et d'y avoir accès en tout temps, la possibilité de « revenir à la maison » est toujours accessible. Celle de vivre de nouvelles aventures, moins! C'était donc, selon nous, une chance en or pour nos enfants de découvrir une nouvelle culture, d'apprendre l'anglais sans trop de difficulté, de s'éloigner des habits de neige pour quelques saisons et de s'ouvrir au monde.

Comme dans à peu près tous les nouveaux projets, ce sont souvent ceux qui nous entourent qui nous font part de leurs craintes. C'est ainsi que dans les semaines qui ont suivi l'annonce de notre grand projet, les questions sont arrivées de toutes parts concernant les enfants : qu'avions-nous prévu pour eux? Avions-nous pensé à leur avenir et à quel point leur vie allait changer?

C'est dans ce tourbillon de questionnements et d'affirmations que Martin et moi avons réalisé que nous avions une perception vraiment différente de celle de la plupart des gens. Évidemment, plusieurs questions se posent, mais les réponses viendront quand... Tu sais l'expression « je verrai une fois rendu à la rivière comment la traverser »? À ce moment-là.

Nous avons toujours été un peu comme ça. On prend des risques, semi-calculés, pas trop cons, pas trop confortables, en ne perdant pas de vue la situation dans son ensemble : ces enfants-là vivront quelque chose de grand et de puissant! Du moins, c'est la façon que nous avons choisie de saisir cette opportunité.

Par la suite, lorsque mon projet de réunir des femmes québécoises expatriées a commencé à germer dans ma tête, j'ai réalisé que l'expérience qu'allait vivre mes enfants était au cœur des préoccupations des parents qui songeaient aller vivre à l'étranger. En toute honnêteté, je ne comprenais pas bien cette angoisse au début, car je ne l'avais jamais vécue.

En effet, mes parents étaient coopérants, et d'aussi loin que je me souvienne, j'ai toujours eu « un pied dedans et un pied dehors ». J'ai été expatriée une partie de mon enfance, une partie de mon adolescence et une partie de ma vie adulte. Je me retrouve plus facilement dans un contexte d'expatriée que dans la routine de ma vie au Québec.

Je me suis tout de même arrêtée aux préoccupations dans l'objectif de servir, de donner des outils et de démystifier de quoi il en retourne face aux enfants lors de l'expatriation. Je ne suis ni psychologue, ni médecin. Je suis une avocate, criminaliste, recherchiste, journaliste, blogueuse, mais rien de tout cela n'est la cause de notre expatriation ou de l'écriture de ce livre!

Dans ce livre, j'ai choisi de décortiquer les questions souvent posées en racontant de petites tranches de vie, afin d'illustrer ma façon de voir les choses quant à l'éducation de mes enfants à la base, puis son application dans un contexte d'expatriation. Évidemment, je ferai principalement référence à mon rôle de maman expatriée aux États-Unis, mais les questions qu'il soulève sont facilement applicable à différents contextes, dans différents pays.

Mon champ d'expertise par rapport à la vie d'expat est l'école de la vie, tout simplement. C'est le cumul de mes expériences dans différents pays, dans différentes familles, en tant que fille, étudiante, sœur, femme, employée, amie, blogueuse et mère de quatre enfants, dont un né à l'étranger. Je vous transmettrai ici ce savoir à titre informatif, dans le but de vous rassurer, pour partager et pour répondre à vos questions. Si toutes les réponses ne se trouvent pas ici, n'hésitez pas à me contacter afin que je complète le contenu de ce livre!

DOMINIQUE LAPORTE-MARGINEAN

UN PEU DE VOCABULAIRE

Avant de commencer à traiter des différentes sections de ce livre, je vous annonce (peut-être en primeur?!) que vous êtes sur le point de faire de votre enfant un *Third Culture Kid* (TCK). Cette notion a été développée dans les années 1950 par la *Dre Ruth Useem* (sociologue et anthropologue américaine) puis étudiée dans les années 80 par les sociologues américains Dr David Pollock et Dre Ruth Van Reken. Voici la définition :

« A Third Culture Kid (TCK) is a person who has spent a significant part of his or her developmental years outside the parents' culture. The TCK frequently builds relationships to all of the cultures, while not having full ownership in any. »

-David C. Pollock et Ruth E. Van Reken, 1999.

Ceci se traduirait par : « Une personne qui a passé une partie importante de ses années de croissance dans une culture autre que celle de ses parents. Elle développe des relations avec chacune de ces cultures et s'identifie dans une certaine mesure avec elles, mais elle ne se considère pourtant pas comme faisant intégralement partie d'elles. »

Bon, tous les enfants ne sont pas au même « stade » de cette troisième culture selon l'endroit, la durée, le nombre de déplacements, etc., mais en prenant la décision d'aller vivre à l'étranger avec votre enfant, ce sont les « couleurs » que vous leur transmettrez. Il s'agira en fait de SA propre culture à lui, qu'il partagera à son maximum avec les autres TCK.

SECTION 1 : LA VIE DE FAMILLE ET L'ENVIRONNEMENT FAMILIER QUE L'ON QUITTE

C'est certain que lorsque l'on prend la décision de quitter le Québec pour un autre pays avec les enfants, c'est rarement reçu comme le cadeau du siècle. Les gens sont parfois enthousiastes pour nous, mais aussi souvent déçus ou tristes de nous voir partir car « des proches s'en vont ». Dans cette situation, les expatriés ont parfois droit à toutes sortes de réactions : la déception, la tristesse, la colère. C'est, dans tous les cas, une étape plus ou moins appréhendée par tous, selon les relations que l'on entretient avec nos proches et peut-être aussi leur propre ouverture face à ce genre d'expérience.

En ce qui concerne ma famille, ça a été un peu différent. Je crois que c'est lié au fait que mes parents ont quitté le pays pour la Tunisie alors que j'avais deux ans et que ma famille a donc déjà baigné dans ce genre de contexte pendant plusieurs années. Ils savent ce que ça représente, à plusieurs années de technologies différentes près! La réaction n'a donc pas été, à ma connaissance du moins, très surprenante ou négative.

Du côté des enfants, tout s'est déroulé assez rondement. D'abord probablement parce que nous en parlions depuis longtemps (des mois) et ensuite, surtout parce qu'ils ne comprenaient pas complètement ce qu'il se passait. En effet, plonger dans cette aventure était encore un terrain inconnu pour eux.

Aussi, certaines familles choisiront de participer activement au projet. Des proches seront super enthousiastes de faire les préparatifs avec nous et planifieront même de venir nous rendre visite dans notre pays d'accueil! La séparation se fera alors plutôt doucement et dans le plaisir. Il est important de présenter cette option à nos proches. Ensuite, ce sera à eux de décider de la tangente qu'ils prendront face à cela : soit ils font équipe avec nous dans le projet, soit ils résistent.

Malheureusement, cette résistance survient parfois! Elle est souvent liée à l'incompréhension ou à l'anxiété des proches, qui se demanderont pourquoi, sans y être obligés, nous faisons le choix de quitter notre maison, nos amis et nos pantoufles confortables. Ces réactions se rendent parfois même jusqu'à des réactions de culpabilité et de colère qui ne sont pas les bienvenues dans l'énergie que l'on tente de conserver pour la réalisation de notre projet d'expatriation!

À mon avis, il convient de leur laisser l'option de revenir sur leur position et d'adopter une nouvelle conception du projet. Par contre, il faudra leur laisser du temps. En effet, parfois, nous pensons à ce projet depuis des semaines, des mois, des années... tandis qu'eux ne l'ont pas vu venir. Dans tous les cas, communication, communication, communication!

Je pense à cette porte ouverte surtout pour vos enfants qui ne font pas réellement le choix de quitter non plus. Leurs attaches à la maison demeurent hyper-importantes, et il convient de tenir compte le plus possible de leur meilleur intérêt.

Pour notre part, le principal défi de notre départ s'est surtout présenté dans les années qui ont suivi. En effet, un an après notre arrivée au Texas, on se préparait à un retour au Québec pour le temps des fêtes. Il faut imaginer le contexte : toute la famille part en voyage, on a fait les valises, on s'est excités à l'idée de revoir tout le monde, et c'était la fête.

Les enfants ont sorti leurs plus beaux vêtements, nous avons pris l'avion avec des sac à dos remplis de surprises, nous sommes arrivés au Québec et la famille nous attendait à l'aéroport; nous sommes sortis dehors dans la neige, nous avons été reçus comme des rois. Les jours passaient et nous nous promenions de partys en partys, nos proches étaient contents de nous voir, et nous, de les serrer dans nos bras. Pendant le temps des fêtes, il y a eu les glissades dans la neige, les cadeaux, la musique, les feux de foyer, les tasses de chocolat chaud, les brunchs tard le matin. Nous nous sommes laissés traîner et il n'y avait pas d'horaire, pas de routine et peu de règles. Tout était permis puisque nous étions en visite, comme par exemple se coucher tard, ne pas avoir de restrictions pour la télévision, « *name it* » !

Ainsi, le retour au Texas a été brutal! C'était le retour à la réalité, à la routine, à l'école, aux devoirs, etc. Et tout à coup nous avons commencé à entendre les premiers « c'est ben plus l'fun, le Québec » et « la famille nous manque ». C'est compréhensible parce que pour eux, le Québec, c'est le temps des fêtes!

Nous avons renouvelé l'expérience l'été suivant. Ça nous semblait beaucoup moins compliqué de voyager l'été, de ne pas avoir à se trouver des habits de neige et des bottes pour deux semaines, de ne pas craindre les virus d'hiver, etc.

Mais finalement, l'expérience a donné le même résultat : les gens prennent des vacances pour passer du temps avec les enfants, nous faisons des sorties comme le village du Père Nol, le Centre de la nature ou le Biodôme, nous allons à la piscine tous les jours, etc. Les grand-parents ont plus de temps que les parents pour prendre le temps et au final, dans un contexte de vacances, tout revient à la même conclusion des enfants : c'est « bien mieux la vie au Québec »!

En fait, ce qui arrive quand on est expat, c'est que lorsqu'on revient à la maison, on n'y est que temporairement. Comme on est de passage, les gens prennent le temps pour nous et défont leur routine autant que l'on met de côté la nôtre! Beaucoup de gens sont en vacances et c'est amusant! On profite de la vie et c'est bien ainsi, on est là pour ça!

J'irais même jusqu'à dire que ça crée une bulle de bonheur pour les enfants et que c'est fantastique. Ils savent ce qu'est le plaisir et l'amour car ils y goûtent à 100 %. Ils découvrent les gens qu'ils aiment à vitesse grand V car ils passent tout leur temps ensemble. Les enfants jouent avec leurs cousins et cousines et font plein d'activités de vacances!

En revanche, nous sommes conscients qu'ils vivent un peu en marge de la réalité. Que si nous habitions au Québec, ils ne mangeraient pas du McDo à chaque semaine ou des cornets de crème glacée chez Chocolat favoris, et les obligations prendraient presque tous les jours le dessus sur les sorties au Jardin botanique, au parc et à la piscine! La réalité d'une vie de famille ressemble en fait plutôt à un ensemble de règles à respecter pour que tout fonctionne bien!

Cela étant dit, je trouve que l'avantage de cette idéalisation de la famille est plus grand que le désavantage de ne pas vivre dans la réalité. C'est un peu comme dire aimer voyager et se faire répondre « oui, mais tu aimes les voyages car tu n'as pas d'obligations, en voyage ». Justement, c'est ce qui nous fait créer des cellules de bonheur dans nos vies, et je suis heureuse que nos enfants goûtent à cela avec encore plus d'intensité à cause de (ou grâce à) leur situation d'expatriés.

Je pense qu'il faille peser le pour et le contre de

cette situation. Oui, la famille est loin, non, ils ne voient pas souvent la neige, mais ils vivent des expériences grandioses. Je ne vois personnellement pas du tout comment la décision de renoncer à toute cette expérience pourrait valoir plus que de rester à la maison, en prenant en considération que les enfants au Québec auraient aussi une routine, des obligations, des devoirs, l'école. La vie « rêvée » du Québec l'est uniquement parce qu'on ne s'y trouve qu'en vacances!

Trucs et astuces : À mon avis, il convient de planifier des vacances suffisamment longues pour que les enfants en profitent pleinement. Non seulement ils n'auront pas l'impression que nous les sortons du *party* alors qu'il ne fait que commencer, mais en plus, ça leur donnera le temps de vivre la situation avec un peu plus de profondeur et de mieux apprivoiser la routine de leur pays passeport.

Bien entendu, les parents ne peuvent pas toujours se permettre des vacances d'un mois. Et si nous revenions sans eux, au pays d'accueil, et que les grand-parents les ramenaient plus tard? Ou que nous payions un petit supplément pour que la compagnie aérienne les accompagne d'un aéroport à l'autre, où nous les attendrons dès leur retour?

SECTION 2 : LEUR OFFRIR LA LI-BERTÉ DE TEMPS

En effet, quitter notre pays d'origine, c'est aussi quitter une routine et des activités dans lesquels nous sommes « pris » pour leur offrir la découverte de la nouveauté.

Dans nos derniers mois au Québec avant de déménager, nous commencions à nous sentir pris dans une routine que nous ne contrôlions pas. Je ne sais pas réellement s'il s'agissait d'une phase, ou du début de ce qui allait devenir notre réalité de parents, mais c'était difficile. En effet, les semaines étaient remplies à craquer de « métro-boulot-dodo-cours-entraînement » pour les enfants, une routine hyper-serrée, où il n'y avait plus de place, de flexibilité. Quand un de nos trois enfants était malade, c'était la catastrophe et il fallait tout réorganiser. On perdait énormément d'énergie, et le climat était continuellement tendu.

La fin de semaine, le même sentiment se produisait, mais plutôt au niveau social. Nous étions ensevelis sous les invitations que nous ne pouvions pas refuser, allant du *shower*, à la fête d'enfants, aux commissions à faire pour planifier la semaine, à la soirée avec des amis que nous n'avions pas vus depuis trop longtemps, à l'événement de la ville auquel nous assistons à chaque année, à... Il y avait toujours quelque chose, souvent plus d'une à la fois. Nous étions donc organisés au quart de tour pour être partout en même temps et contenter tout le monde.

Si bien que j'avais commencé à déléguer certaines tâches

du quotidien pour y arriver : service de traiteur pour manger sainement pendant la semaine malgré l'horaire de fou, livraison de l'épicerie, femme de ménage, etc. Au fil du temps, nous devenions des rois de l'organisation, mais absolument aucunement en contrôle de la décision de ce qui remplirait notre horaire. Tout s'y glissait tout seul, et notre rôle était de mettre chaque morceau du casse-tête en place.

En arrivant au Texas, cet aspect de notre vie a totalement changé. Bien sûr, nous demeurons encore à la merci de l'horaire de semaine, entre l'école, le travail, les cours, les entraînements et les virus. Mais... nous avons récupéré nos fins de semaine et nos journées de congé!

En effet, en arrivant dans cet endroit, méconnu de toute la famille, nous n'avions plus aucune obligation, réelle ou dans notre tête, de se rendre à tel ou tel événement! Pendant la semaine, nous avons commencé à nous demander ce que nous ferions en fin de semaine. Visiter le zoo ou aller à la plage? Rester tranquille à la maison ou découvrir cette ville pour la première fois?

Soudainement, cet espace-temps nous permettait de quitter des obligations dites « sociales » pour lesquelles on se mettait de la pression pour plutôt expérimenter la vie sous un autre angle, pour découvrir le monde et des nouveautés! Découvrir, découvrir, découvrir! Chaque jour devenait plus extraordinaire. Chaque sortie était une aventure.

Bien sûr, après presque cinq ans au Texas, je vous dirais que ce sentiment est moins présent! C'est normal, nous nous sommes entourés de nouveau, ici! Notre famille de 6 (+ un pitou), avec tous les nouveaux amis, a fini par tisser des liens avec plusieurs personnes, et c'est de plus en plus le retour aux nombreuses activités de fin de semaine, aux obligations et aux attentes de notre nouveau cercle social!

Comprenez-moi bien, il ne s'agit pas d'une question d'amour envers nos proches! Mais parfois... parfois je rêve de la prochaine expatriation pour goûter de nouveau à cette liberté du « personne ne nous connaît ici et nous n'avons aucun engagement »!

Puis nous commencerons de nouveau le projet de se bâtir un réseau local, afin d'assurer la réussite de notre expatriation à moyen-long terme. N'est-ce pas contradictoire? À mon avis, c'est surtout la suite logique des cycles de la vie d'un expatrié...

Trucs et astuces : Avec ces informations en poche, je vous suggère fortement de profiter de vos premiers mois / premières années en tant qu'expat dans votre pays d'accueil pour faire la virée de votre vie! Imaginez : vous n'avez plus d'obligations sociales et votre temps vous appartient à 100 %! Profitez-en pour faire découvrir le monde à vos enfants!

SECTION 3 : LES DÉFIS ET LES AVANTAGES D'ÊTRE UN EN-FANT EXPAT

Les avantages

Nous ne serions pas des fans finis de l'expérience de l'expatriation si ce n'était pas des avantages liés à celle-ci! En effet, elle offre une quantité infinie d'apprentissages, et pour ne mettre l'accent que sur nos enfants, en voici quelques-uns :

1. Leur ouverture sur le monde, rien de moins. Nos enfants vivent dans la différence au quotidien. Ils constatent leurs particularités et leur unicité, tiennent pour acquis que la différence est intéressante et, surtout, apprennent à observer sans juger. Ils comprennent qu'il n'y a pas qu'une seule façon de faire les choses.

2. Ils ont une vision 3D du monde, après avoir vu, senti et vécu à l'étranger. S'informer de l'actualité n'est plus perçu comme une simple histoire qu'on leur raconte, mais comme la réalité sur leur planète terre.

3. Ils deviennent extrêmement riches de la connaissance de plus d'une culture. Ils connaissent aussi souvent très

bien plus d'une langue.

4. Ils acquièrent des compétences comme celle de s'adapter facilement et de profiter du moment présent. On les appelle aussi des « caméléons culturels ».

5. Ils créent rapidement des liens avec les gens. C'est comme un muscle qui a bien travaillé; pour eux, c'est une habitude ancrée d'aller vers les gens. Ils vont aussi découvrir rapidement les points communs entre plusieurs personnes ou situations.

6. Ils ont une grande tolérance vis-à-vis la diversité. Ils apprennent qu'être unique est ce qui nous qualifie tous.

7. Ils deviendront des adultes qui ont appris à penser « out of the box », qui sont créatifs et réceptifs.

En fait, ce dont il faut se rendre compte, c'est de la chance qu'ils ont de grandir dans une situation multiculturelle. J'ai déjà brièvement abordé la question, mais j'insiste : être expatrié est un PRIVILÈGE. Aussi incroyable que ça puisse paraître, j'entends parfois des gens faire allusion à ce que vivent les enfants comme si on leur imposait un sacrifice immonde! Je lis et j'entends des commentaires à l'effet que nos enfants sont « privés » de certaines choses et honnêtement, ça me donne la chaire de poule. Oui, il y aura des défis. Mais l'expérience est tellement plus grande que ceux-ci!

Ce qu'on leur offre, c'est une vision d'ensemble sur le monde. C'est un regard extérieur, différent. C'est la

considération que tout n'est pas partout pareil, que le respect est important et qu'il y a des problèmes beaucoup plus graves dans le monde que ce qui peut arriver à leur petite personne quand ils n'ont pas des lacets de licorne. C'est une façon de développer leur empathie.

Quand j'étais moi-même petite et que je grandissais dans un pays en voie de développement, je voyais des enfants mourir de faim sur la rue. Lorsque je me plaignais et que mon père m'amenait à me comparer à leur malheur, je me sentais toujours bien chanceuse de vivre ma vie.

L'expatriation permet aux enfants d'apprendre rapidement à prendre une distance sur leur nombril et à observer le monde, ses couleurs, ses saveurs, ses différences politiques, ses différentes cultures et ses valeurs. L'expatriation leur permet de mettre les choses en perspective. Je suis extrêmement fière de l'offrir à mes enfants.

Voici d'ailleurs une petite anecdote qui m'a permis d'enseigner ces différences à l'une de mes filles qui a 9 ans : elle est un jour revenue en larmes de l'école car elle s'était chicanée avec son amie. Après lui avoir posé des centaines de questions, je finis par comprendre qu'elles ont eu un différent sur rien de moins que « la création de l'Homme ». En effet, j'enseigne à mes enfants que les bébés viennent au monde car leurs parents ont fait l'amour. Mais dans un contexte religieux, d'autres enfants apprennent plutôt que c'est Dieu qui les a conçus!

Les deux filles étant convaincues qu'elles avaient raisons et, en essayant de prouver et d'expliquer à l'autre leur point de vue, la chicane a fini par exploser, avec tout ce qui s'en est suivi. Heureusement, la mère de l'autre petite fille était ouverte d'esprit, et nous avons organisé une rencontre entre les deux filles afin de discuter de la question. Du fait que leur apprentissage est différent et que le respect et la communication sont de mise, dans une relation.

J'ai de plus consenti à ce que ma fille les accompagne à l'église un dimanche afin de vivre l'expérience de ce que vit son amie, pour mieux comprendre pourquoi elle pense comme elle pense. Ma fille a constaté ce jour-là que son amie recevait des enseignements à toutes les fins de semaine relativement à la vie, à l'amour et aux valeurs qui sont bien différents des siens. Ce jour-là, elle a compris, elle a appris, elle a grandi. Ce jour-là, elle a su que chaque personne détient sa propre vérité et que l'on peut aimer et apprécier une personne même si elle n'a pas la même perception que nous.

Ce que je trouve aussi particulier dans le fait que mes enfants soient expats comme je l'ai déjà été, c'est que ça m'a fait réaliser à quel point je ne suis pas seule sur ma planète. En effet, j'ai grandi avec cette sensation que personne ne « comprenait » cette ouverture sur ce qui n'était pas comme ce qui leur était enseigné, alors que je peux présenter à mes enfants qu'ils ont la chance, « comme des milliers d'autres », de vivre cette expérience. En effet, avec la quantité d'expatriés et leurs enfants que je connais, c'est d'une communauté de gens dont on parle.

Les défis

Bien sûr, il y a toujours deux côtés à une médaille! La vie d'expat qui s'offre à nos enfants comporte aussi son lot de défis, qu'il convient d'aborder!

1. D'abord, les enfants apprennent la politique et l'actualité de façon plus détachée. Je pense que c'est ainsi car on a aussi une distance de tous les jours avec les valeurs de notre pays passeport, tout comme de celles de notre pays d'adoption. Ainsi, ils grandissent un peu moins « patriotes ». De l'autre côté, il convient de constater qu'ils se sentiront probablement plus touchés par l'actualité et ce qui se passe à l'étranger, puisque leur vision du monde est plus tangible. On apprend à voir les gens d'un autre pays non pas comme les gens d'une autre planète, mais comme nos voisins. Ils ont une vision plus globale des gens et du monde.

2. Ils grandissent aussi en ignorant certains aspects de la culture de leur propre pays dans son sens le plus profond. En effet, ils ne vivent pas le quotidien québécois et, malgré le fait que ce soit difficile à déceler au jour le jour, si on prend une vue d'ensemble, on peut dire qu'ils en perdront certainement des petits bouts. Est-ce « mal »? Je ne le crois pas, je le vois plutôt comme un fait à considérer. Cependant, il est à noter que leurs «manquements » à la culture québécoise leur seront parfois peut-être difficilement pardonnés par leurs pairs dans le cas d'un éventuel retour.

3. Ils se cherchent à un certain âge peut-être plus que les autres enfants : qui suis-je? d'où suis-je? Doivent-ils se fondre dans la masse, ou mettre l'accent sur leurs différences? Ceci demande un effort, des décisions que les enfants qui demeurent au Québec n'ont pas nécessairement à prendre.

4. L'idée n'est pas super simple à expliquer, mais les enfants expats développent normalement une capacité d'adaptation assez impressionnante selon les gens qu'ils côtoient et les endroits où ils se trouvent. À long terme, cette aptitude peut être assez déstabilisante pour les gens qui ne sont pas familiers avec ces caractéristiques. En effet, observer une personne changer autant selon les situations peut donner l'impression qu'une personne n'est pas authentique, vraie, ou qu'elle ne dit pas ce qu'elle pense. Or, c'est souvent plutôt qu'elle ne se campe pas dans une position car elle sait que l'autre position peut être tout aussi

valable.

5. Un autre trait caractéristique que l'enfant développera potentiellement, s'il est très mobile et souvent amené à changer d'environnement, est un certain détachement face aux situations nouvelles. On pourrait penser que l'enfant est moins « excité » qu'il l'était avant par la nouveauté, mais son comportement est plus souvent lié à l'accumulation des deuils qu'il aura vécu à travers les années, en laissant derrière lui des amis, des gens, des projets, des maisons, des écoles, etc.

6. Il ne faut pas perdre de vue que les deuils vécus par les enfants, surtout ceux qui se « promènent beaucoup » en habitant dans plusieurs endroits différents, sont plus importants que ceux des adultes. En effet, ils sont encore à l'âge de développer qui ils sont et ils n'ont aucun contrôle sur ce qui leur arrive, contrairement à la situation de leurs parents

7. Il convient aussi je crois de s'attarder à la distinction entre l'enfant expatrié et l'enfant immigrant, car le premier vit constamment avec cette possibilité de retourner à la maison. Il grandit donc dans un pays qui n'est pas le sien, dans une culture qui n'est pas la sienne, et il sait qu'il rentrera à la maison. Cette position le laisse un peu entre deux chaises quant à sa position culturelle, et au fil des années et des expériences que j'ai moi-même vécues personnellement, je dirais que cet aspect est l'un des plus gros défis que puisse vivre votre enfant expatrié. En effet, imaginez-vous

commencer une relation avec quelqu'un en sachant qu'elle se finira. À quel point allez-vous vous engager?

8. L'expérience d'expat pourrait amener l'enfant qui devient adulte à avoir constamment besoin de changement, ou à avoir de la difficulté à vivre dans le moment présent.

Trucs et astuces : Choisir de voir le verre à moitié plein plutôt qu'à moitié vide est toujours la meilleure option, selon moi. Bien que l'on traite de la réalité, des hauts et des bas tels qu'ils sont, je pense qu'il convient de tenir compte des défis ou des aspects plus difficiles, mais qu'il faut aussi porter notre attention sur tous les avantages de la situation. Ainsi, nous évitons les mauvaises surprises, mais nous mettons l'accent sur ce qui nous importe réellement : l'expérience hyper-enrichissante que vivent nos enfants.

SECTION 4 : VOS PERCEPTIONS DEVIENDRONT LES LEURS

Dans l'histoire de l'expatriation, il va y avoir des moments plus difficiles, mais la vie est une montagne russe, de toute façon!

Alors lorsqu'on me dit que l'expatriation, c'est dur, qu'on m'en parle comme si j'infligeais une punition à mes enfants, je suis toujours surprise. Le cerveau veut choisir la facilité. Le plus facile dans la vie, c'est de ne rien faire. Donc oui, quand on vit une expérience aussi grandiose et que l'on sort de notre zone de confort, il y a des moments moins roses. C'est inévitable. Mais souvent et comme dans tout, plus c'est un défi, plus ça vaut le coup.

Devenir un athlète de vélo de course est plus difficile que rouler lentement sur une petite rue tranquille. Mais les défis amènent leur lot de satisfactions et de joies. Apprendre, se dépasser et grandir seront au rendez-vous si ça fait partie de vos valeurs. Je pense donc que c'est un cadeau immense que l'on fait à nos enfants, même si ça implique un chemin parsemé d'enjeux.

À travers les défis mentionnés ci-haut, ce qui sera le plus important dans votre rôle de parent sera surtout de les écouter et de les comprendre sans les juger. Des défis, il y en aura toujours, peu importe la vie que votre enfant mènera. Mais ceux de l'enfant expat sont ceux mentionnés ci-haut et si vous faites preuve d'ouverture et de compréhension, ils pourront se transformer en forces extrêmement puissantes!

L'une de vos responsabilités, à mon avis, est de vous éduquer. De maîtriser le plus possible les défis qui se présenteront afin d'amortir quelques coups qui pourraient être plus difficiles.

Si vous connaissez les phases de la courbe de l'adaptation lors de l'expatriation, vous serez mieux outillés pour les supporter tout au long de celle-ci. Je vais vous les décrire grosso modo, pour vous aider à visualiser et à comprendre les étapes à venir.

La première phase est la « lune de miel » . C'est la période où l'on se sent encore touriste. On est curieux, enthousiastes et fascinés par tout ce que l'on découvre. On ne remet pas nos propres valeurs en cause, on ne fait que vivre un doux bonheur qui dure jusqu'à quelques mois.

Mais viendra nécessairement la deuxième phase, le choc. C'est le bout que ni vous, ni vos enfants n'avez envie de vivre, mais qui surviendra de toute façon. C'est le moment où vous commencez à réaliser que les gens n'ont pas les mêmes valeurs, us et coutumes et que la vie est vraiment différente. Pendant cette phase, on se sent souvent dépaysés, nostalgiques et peut-être même frustrés.

On se sent étrangers et une période de deuils commence. On s'ennuie de notre famille, de nos amis, de notre confort et de notre routine. L'important, c'est d'en parler en famille avec vos enfants. C'est de noter comment on se sent et pourquoi, sans jugement stérile qui ne mène à rien. Il faut laisser les commentaires plates de côté et s'enrichir entre les membres de la famille des découvertes de chacun.

La troisième phase viendra apaiser le tout. Le mot d'ordre le plus important selon moi : « Donnez-vous le temps! La phase 3 se présentera et vous verrez votre expatriation sous un nouveau jour! ». Cette phase est celle de l'adaptation qui commence!

Lors de cette phase, on commence à s'ouvrir, à accepter les différences et à trouver des solutions! Vous vous créez des repères, vous prenez de l'assurance. C'est le moment de poser des questions, de vous informer auprès des autres expats si vous en ressentez le besoin et de créer des amitiés avec les « locaux »!

La quatrième phase est délicieuse. C'est celle de l'intégration. À ce stade, vous vous sentez à l'aise dans la vie de tous les jours. Vos expériences passées des trois autres phases ont créé un tout qui a formé votre identité d'expat. Vous réalisez alors que votre expérience est unique et que le bouleversement ressenti et votre sortie de zone de confort ont des bienfaits uniques sur

votre vie. Vous réalisez qu'il ne s'agit pas simplement d'un voyage extérieur, d'une expatriation, mais aussi d'un voyage intérieur incroyable. Il se peut que cette phase arrive plus tard, ou même jamais, selon les personnes, les ressources et les pays d'accueil.

Trucs et astuces :

Faites-vous une idée de la perception que vous voulez transmettre à vos enfants. Vulgarisez les concepts avec eux, manifestez-leur votre compréhension, mais aidez-les aussi à voir les défis comme des moments temporaires (les phases) qui leur apporteront beaucoup. Je le répète : il faut « laisser le temps au temps de faire son temps ».

SECTION 5 : L'ANNONCE DU PROJET D'EXPATRIATION AUX ENFANTS

Chez nous, il n'y a jamais eu d'annonce officielle. On ne compartimente pas vraiment les sujets de discussion et on jase de ce qui se présente quand ça se présente. Les tabous ne sont pas les bienvenus et je traite d'à peu près n'importe quel sujet avec les enfants. Il arrive, vous pouvez l'imaginer, que Martin et moi ne soyons pas d'accord sur certains points et nous en discutons aussi devant eux.

Ça toujours été important pour moi de tout expliquer à mes enfants. Je n'ai jamais pensé qu'un enfant est « trop jeune pour comprendre ». Je crois que ça pourrait les priver de renseignements qui donneraient plus de sens à ce qu'ils vivent et les rendraient plus matures.

J'ai souvent eu cette conversation avec Martin. Il me racontait que ses parents gardaient des discussions pour eux, pour quand les enfants seraient couchés, ou qu'ils ne lui expliquaient pas toujours ce qu'il se passait, sans doute pour le protéger. Nous avons, à maintes reprises, conclu ensemble que <u>la meilleure façon d'être bien dans une situation, c'est de comprendre, et que pour comprendre, il faut dire les vraies affaires. Le beau, le laid, le bon et le mal. On casse l'anxiété à la source et on ne s'invente rien.</u>

Pour revenir à l'expatriation, on en a toujours parlé à la maison. Comme d'un rêve, puis comme d'une possibilité. Éventuellement, le projet est devenu de plus en plus concret, et personne n'a été surpris le jour où on s'est dit : « Go! On part! ».

Évidemment, les enfants, qui avaient alors 1, 3 et presque 4 ans, ne comprenaient pas tout. Ils n'ont pas vu passer les procédures d'immigration en détail, les transferts de fonds, les étapes pour vendre et acheter les maisons, les inscriptions à l'école, etc. Mais ils ont entendu parler de tout cela. Ils savaient qu'on avait des 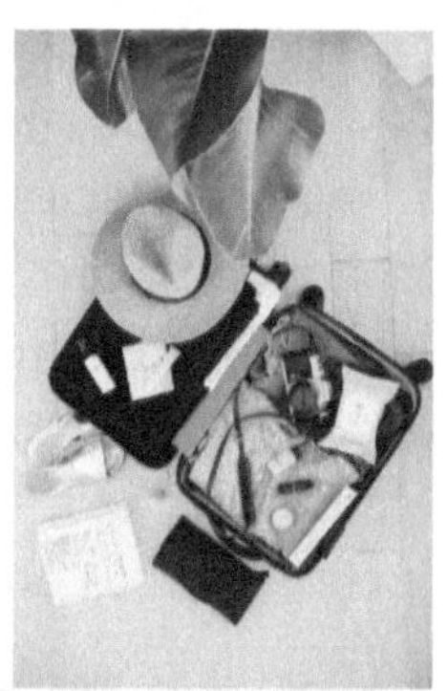 rendez-vous pour organiser notre expatriation. Ils savaient aussi que c'était pas mal d'organisation, de travail, etc.

Surtout :
Ils savaient qu'ils pouvaient nous faire confiance et que nous n'allions pas leur en passer des petites vites.
Ils savaient que nous faisions le ménage de la maison car il y avait une visite ce soir-là et que nous souhaitions la vendre.
Ils étaient au courant qu'une maison nous attendait au

Texas, et nous leur montrions des photos.

Ils comprenaient que papa était parti pendant plusieurs mois pour organiser notre arrivée au Texas.

Ils étaient excités à l'idée de commencer à fréquenter leur nouvelle garderie.

Ils ne saisissaient pas encore l'ampleur de ce qu'engendrerait une nouvelle langue (j'en parlerai plus loin), la chaleur qui nous attendait et l'ennui des proches, mais au fur et à mesure que ces éléments se sont présentés, on en a discuté. Il est impératif de les impliquer, de leur faire prendre part au projet et d'échanger avec eux à propos de tout cela.

Selon moi, tout est une question de perception.

Un exemple :

Quand j'étais sur le point d'accoucher de ma plus vieille, à deux semaines près, mon patron m'a donné une mission qui impliquait un voyage aller-retour Montréal-Québec dans une tempête de neige. Je me suis rendue ce jour-là chez mon médecin, et j'étais dans tous mes états.

« Et si j'accouchais sur la route? Et si je restais prise dans une tempête de neige? Et si j'étais forcée d'accoucher à Québec sans mon chum? Et si, et si, et si. »

Ce jour-là, mon médecin m'a donné une bonne leçon de vie. Elle m'a dit « Dominique. Et si tout allait bien?

Et si tu revenais et que rien ne se passait avant 3-4 semaines? Et si tu accouchais, chose naturelle, sur la route, ou dans un hôpital de Québec, et que c'était la plus belle expérience de ta vie? Et si ce moment devenait tellement grandiose étant données les circonstances que ça demeurerait la plus belle des histoires à raconter à ta fille? ».

Je suis sortie de son cabinet un peu bouche-bée, peut-être même choquée. Le médecin avant complètement désamorcé la bombe que j'avais créée dans mes pensées. La réponse qu'elle m'a donnée ce jour-là, je ne l'ai pas vraiment comprise et je l'ai même trouvée un peu téméraire, avant de vivre plusieurs situations pour lesquelles, en pensant à elle, j'ai décidé de ne pas stresser et de faire confiance à la vie et aux surprises qu'elle nous réserve. Ça ne sert à rien de s'inventer un futur rempli d'embûches. Qui plus est, notre avenir est souvent dicté par ce sur quoi nous portons notre attention...

Un autre exemple :

Récemment, j'ai lu un texte sur l'expatriation des enfants, et j'ai eu un choc. Les mots pour décrire l'expérience la rendaient horrible. En lisant un paragraphe, on comprenait tout de suite que l'auteure était une personne extrêmement anxieuse, et juste en lisant un paragraphe, j'avais une charge épouvantable de stress sur les épaules.

On y lisait des mots tels que : « Le déménagement est une source importante de stress », « on arrache les enfants à leur environnement », « ils doivent surmonter leur peur de l'inconnu et l'anxiété », « ils devront être tranquillisés », « rien n'est pire que », « ce qui décuple leurs inquiétudes », etc.

Qui souhaite voyager avec une personne qui voit la vie sous cet angle? Pas que ce soit faux, mais c'est le choix de la couleur de la lentille qui me dérange. Vous l'aurez compris, je préfère les lunettes roses. C'est le genre de personne qui s'assoit à côté de toi dans l'avion et qui te sort les possibilités de *crash* ou que ton masque à oxygène ne fonctionne pas bien. Sérieusement, les pires scénarios peuvent se produire, oui. Rien n'est faux et les études le démontrent... Mais quand tu as une mentalité d'expat (ou quand tu as été suivie par mon médecin obstétricien, haha!), tu apprends vite que tu es gagnant à te concentrer sur le positif et à voir le bon que tu récoltes des situations que tu vis, ou que tu pourrais vivre. Je pense que l'une des expressions qui illustrent bien ce point, c'est : « Si tu regardes la lumière, l'ombre restera derrière. », et vice versa si tu regardes l'ombre.

Ainsi, quand on parlait d'expatriation avec les enfants, on se racontait la vie telle qu'on voulait la voir. Les expériences magnifiques que nous allions vivre, la chance que nous avions de découvrir un autre coin de cette belle planète, les hivers au chaud, le chauffage et les habits de neige que nous laissions derrière, de l'occasion en or pour la carrière

de Martin, la plage à proximité, l'apprentissage de l'anglais pour les enfants, l'expérience de vie, la découverte d'une nouvelle culture et l'esprit critique que nous allions tous développer d'avantage en sautant dans l'aventure.

Des embûches et des pépins, il y en a eu, oui. Mais je ne vous apprendrai pas qu'il y en aura toujours! Ce sur quoi on décide de se concentrer, c'est un choix.

Aussi, il est important que les enfants sachent que rien ni personne ne disparaît. Tout est encore là, mais à des endroits différents

Ce qu'il y a de merveilleux quand on devient expat de nos jours, grâce à Internet, c'est que quitter un pays pour aller vivre dans un autre ne signifie plus ce que ça a déjà été.

Bien que dans les deux cas, la vie continue dans les deux pays et rien ni personne ne disparaît, le concept est aujourd'hui palpable. Alors qu'il fallait jadis envoyer une lettre pour donner des nouvelles, lui donner deux semaines pour se rendre, le temps à l'autre personne de répondre et le temps de retour, le tout se fait aujourd'hui en moins d'une minute (sans parler des vidéos en direct). Le contact est donc super facile à garder via les plateformes électroniques et cela permet aux enfants de mieux vivre leur deuil face à ce qu'ils laissent derrière.

Une fois dans le pays d'accueil, il faut guider l'enfant vers de nouveaux repères. L'accompagner dans cette démarche au cours de laquelle il retrouvera de nouvelles habitudes, des personnes ressources, etc.

Ces jours-ci, au moment où j'écris ces lignes, nous discutons à la maison de la prochaine destination, Les enfants ont maintenant 9, 8, 6 et 2 ans. Où? On ne sait pas. Quand? On ne sait pas non plus. Mais ils savent que l'éventualité existe, et personne ne sera surpris le jour où ça arrivera. Or, ça, c'est nous. Il existe d'autres modèles d'éducation, et après plusieurs discussions avec d'autres expatriés, j'ai constaté que tout le monde ne s'entend pas sur LA façon de faire.

En effet, certains spécialistes recommandent plutôt de faire du « one on one » avec les enfants et de faire le tour de la question un enfant à la fois, en lui faisant une annonce officielle.

D'autres suggèrent le « meeting familial », moment où toute la tribu sera avisée et recevra l'information en même temps, comme une équipe.

Bien que je n'ai rien vraiment contre ces méthodes, je pense que chaque famille doit prendre le pouls de sa propre dynamique et faire le choix de la méthode à adopter selon ce qui rendra la situation la plus douce possible. Personnellement, ces rencontres officielles me donneraient l'impression de créer de l'anxiété et de soulever des craintes là où je souhaite plutôt générer du confort.

Trucs et astuces : Faites-vous confiance, vous êtes leurs parents et vous savez ce qui est bon pour vos enfants. Plus vous serez clairs, plus vous serez ouverts et transparents, plus ils auront confiance en vous et en ce que vous planifiez pour votre famille. Bref, tout est une question de perception et de présentation, et celles-ci sont des choix. Je pense qu'il faut décider de l'approche à adopter et traiter du sujet à livre ouvert avec nos enfants, pour qu'ils aient tout le temps nécessaire de poser des questions, de comprendre et d'être rassurés.

Certains pourraient comparer le déménagement à l'étranger à la situation que vit un enfant lorsque ses parents se séparent. Il perd ses repères, ne sait pas ce qui adviendra de sa vie, et ce dont il a surtout besoin, au cours de cette période, c'est de soutien, d'amour et de sécurité. L'enfant sera bien tant que ses parents le sont aussi.

SECTION 6 : LE COÛT DE LA VIE À L'ÉTRANGER AVEC DES ENFANTS

Un point sur lequel j'ai l'impression que nous nous sommes un peu lancés dans le vide en déménageant au Texas, c'est le coût de la vie avec des enfants. J'avais l'impression que rien n'était simple et que tout dépendait de quelque chose d'autre. J'ai compris plus tard, en passant du temps au Texas, que la question culturelle entrait en ligne de compte pour ce coût et que c'est sans doute la raison pour laquelle je ne comprenais pas tout : il fallait aussi le *vivre*.

L'avantage que nous avions, Martin et moi, était que nous arrivions ici avec deux salaires. Lui avec son nouveau poste ici, et moi avec mon emploi du Québec que j'allais continuer à distance le temps de mon contrat. C'est sans doute ce qui m'a, à un certain point, convaincue de « lâcher prise » et que je verrais une fois rendue là-bas.

Cela était tout de même assez téméraire. En effet, il est important de bien évaluer votre niveau de vie actuel selon le coût de la vie où vous vous trouvez et de faire les calculs pour trouver combien il vous faut prévoir pour au moins conserver le même niveau de vie.

Le cauchemar, quand on ne fait pas l'exercice, c'est de réaliser une fois ailleurs que nous ne sommes plus capables de payer ce dont nous avions les moyens avant. L'expatriation ne devrait pas, selon moi, être synonyme d'une perte de la qualité de vie de la famille, au contraire.

Voici, grosso modo, les différences que nous avons notées en lien avec les enfants concernant les frais et les revenus aux É.-U. versus ceux du Québec.

La garderie

Quand on arrive aux États-Unis pour y vivre pour la première fois, c'est un peu le choc. En effet, ce pays ne prévoit pas autant de ressources pour les familles qu'au Québec. On oublie la garderie à 7 $ et les millions de subventions pour ceci et pour cela. Même histoire pour les congés de maternité : les femmes professionnelles retournent rapidement travailler... À moins qu'elles demeurent à la maison?

C'est vraiment en habitant ici que j'ai réalisé la ouate dans laquelle nous vivions au Québec pour nous permettre d'avoir une grande famille! Le congé de maternité, le congé parental, le congé de paternité représentent une réalité bien loin de celle que connaissent les familles américaines. Pour vous donner un exemple, ma partenaire de course texane est retournée travailler après deux semaines suivant sa césarienne!

Pourquoi si rapidement? Parce que la culture prône, au Texas du moins, que les femmes demeurent à la maison. Il n'y a pas d'entre deux en fait, ou difficilement!

Dans notre cas, nous avons décidé que je demeurerais à la maison avec notre petite dernière, afin d'éviter un scénario dans lequel je travaillerais pour payer la garderie. Car ça, c'est l'autre point. La garderie coûte un bras et une jambe, et le lunch ne vient même pas avec! Pendant une période, nous avions trois enfants à la garderie, et je peux vous dire qu'on avait l'impression de payer l'hypothèque de deux maisons!

Or, quand ma petite dernière a eu un an, j'en ai eu assez. J'ai toujours eu besoin de me réaliser professionnellement, donc nous avons décidé de revoir le plan pour que je me sente en équilibre. Je n'étais plus heureuse dans la vie de femme au foyer (bien que je ne l'aie jamais été à 100 %) et je devais relever de nouveaux défis. Abigail a donc pris le chemin de la garderie à 18 mois (notre garderie ne les prend pas avant cette âge-là!). Bref, le coût de la garderie est un gros « pensez-y bien » si vous avez des enfants. Alors qu'au Québec, c'est une période tampon au cours de laquelle les parents ne défraient pas grand-chose, c'est une toute autre histoire ici!

Cependant, je m'en voudrais de garder sous silence le fait que nous ne payons pas, ou plutôt très peu, d'impôts. En effet, la réalité est qu'au Québec, nos garderies sont financées par les impôts. Ici, seuls les gens qui en ont besoin mettent la main dans leur poche.

Le système de santé

L'autre situation dans laquelle nous nous sommes un peu garochés tête première sans trop savoir à quoi s'attendre, c'est le système médical. Je veux dire, nous savions que ça coûtait cher aux É.-U.. Nous savions que ça prenait une bonne assurance. Nous savions que ça pouvait monter vite et que ce serait différent. Mais encore ici, il y a un aspect que je n'avais pas saisi avant de le vivre et je vais vous l'illustrer par deux anecdotes :

Un jour, Martin était dans la cour avec les enfants et Maxim, notre plus vieille, est tombée en se cognant la tête sur le plancher de béton. Quand je suis arrivée, alarmée par des cris épouvantables, j'ai tout de suite noté une boule de la taille d'une balle de golf sur sa tête. Impressionnée, inquiète et presque paniquée, j'ai dit à Martin que nous devions tout de suite aller à l'urgence (réflexe de Québécoise).

Comme nous avions trois petits et que Martin maîtrisait

mieux l'anglais dans les situations stressantes, je suis restée avec les deux autres enfants à la maison. Il m'a appelé en me disant ceci : « Ils peuvent lui faire passer un scan, mais ça va coûté 5000 $ après assurance, environ. Ils disent qu'on peut aussi attendre et prendre la chance de voir comment ça va évoluer. ». J'étais sur le cul! Sérieusement? C'était à nous, aucunement formés en médecine, de prendre une décision pareille? Il y avait 5000 $ sur la tête de mon enfant, et c'était à nous de décider. Ça m'avait terriblement choquée car au Québec, ils auraient fait le scan et c'est tout. Finalement, nous y sommes allés « au feeling » et nous ne l'avons pas fait... Heureusement, l'épisode s'est terminé avec une poque sur la tête sans aucune conséquence.

L'autre épisode, c'est la fois où j'étais enceinte d'Abigail. Je pouvais ou non passer des tests pour détecter la trisomie et d'autres maladies. Comme j'avais 35 ans, le médecin me disait que c'était à moi de prendre la décision, mais qu'étant donné « mon âge », il y avait plus de risques qu'à mes autres enfants qui sont en parfaite santé. « Combien ça coûte? ». 2500 $ après assurance.

Encore cette histoire! Encore à moi de prendre une chance sur la tête de la santé de mon bébé! J'étais hors de moi! À force de poser des questions à l'infirmière et de la talonner, elle a fini par me souffler d'appeler à telle place et de leur dire que je ne voulais pas passer par l'assurance. J'ai essayé : on me dit que le coût du test serait donc de 200 $! Dix fois moins qu'en passant par l'assurance!

Discutant de tout cela avec une amie américaine, elle m'a indiqué ceci « C'est ça, la "business"! Ce sont des décisions d'affaire! ». Mes yeux ne regardaient plus à la même place! Je faisais à ce moment face à une grosse différence culturelle : au Québec, la santé, c'est la santé! Tu te fais ch*** à passer des heures dans les salles d'attente des hôpitaux, mais lorsqu'on prend soin de toi, on ne te demande pas combien tu as dans ton compte de banque.

Et là, au cas où l'idée vous effleurait l'esprit de me demander « combien ça coûte d'accoucher aux É.-U.? », je te dirais « ça dépend »! Ça dépend des choix que tu fais (médecin, épidurale, chambre d'hôpital, etc.) et des choix que tu ne feras pas (le déroulement de l'accouchement, les complications, la quantité de médicaments nécessaire). Bref, dans ce système, on ne sait jamais vraiment à quoi s'en tenir, et la seule chose à laquelle on peut s'accrocher, c'est le « prix plafond du déductible de l'assurance »! Il faut donc être prêt à traiter les décisions comme on le ferait à la tête d'une « business »!

Je peux vous dire qu'avec quatre enfants, c'est vraiment comme marcher sur un terrain de mines. On ne sait jamais ce qui peut exploser et ce qui peut coûter ton déductible et ce, du jour au lendemain. Alors ce n'est pas un mythe, la bonne assurance est plus que nécessaire aux É.-U., et planifier atteindre le montant du déductible dans l'année en cours est assurément intelligent pour ne pas se retrouver les poches vides!

Le coût des vacances

Quand nous étions au Québec et que nous décidions de partir en voyage, nous le faisions soit en famille, soit en couple. C'était la première décision à prendre et évidemment, le deuxième choix coûtait moins cher que le premier en frais de billets d'avion, d'hébergement, etc. Maintenant, c'est bien différent. Comme nous sommes expatriés, on ne vit pas avec les mêmes ressources autour de nous. Je ne laisserais pas mes enfants se faire garder par une personne que je ne connais presque pas pendant plus d'une semaine. Ainsi, partir n'est plus aussi simple que quand les grand-parents habitaient à côté.

Maintenant, quand nous partons avec les enfants, c'est assez semblable à si nous étions partis du Québec. À la différence près que s'il se passe quelque chose à la maison, nous sommes un peu plus gênés de demander aux voisins d'aller voir ou de leur demander de ramasser notre courrier.

De l'autre côté, partir en couple est devenu COM-PLI-QUÉ. Nous devons soit attendre que l'un de nos proches du Québec décide de nous rendre visite et demander de garder quelques jours, ce qui rend leurs vacances nécessairement moins *légères* pour eux pour découvrir les lieux. Sinon, nous devons passer par le Québec, y amener les quatre enfants (et le coût des billets d'avion qui vient avec) pour ensuite repartir de là afin d'aller quelque part. Juste l'écrire me fait suer ☺ .

Bref, la meilleure option au niveau du portefeuille et de l'organisation demeure de voyager avec les enfants, en voiture, en découvrant les nouveaux horizons de notre pays d'accueil! Pour ça, on ne manque pas d'endroits à découvrir! Et l'avantage, du moins où nous nous trouvons, c'est qu'il n'y a pas de neige et, donc, que nous pouvons faire des « *roadtrips* » à l'année! Sans parler de l'aspect plus écolo de voyager localement!

Les allocations familiales

J'ai toujours été très impressionnée par les ressources

financières que le Québec et le Canada offrent aux familles en ce qui a trait aux enfants! Je l'ai encore plus remarqué depuis que nous avons quitté le Québec! Les allocations familiales de toutes sortes, les retours sur impôts, les garderies à 7 $, l'Allocation famille, l'Allocation canadienne pour enfants, le congé de maternité, de paternité et parental, etc. : ce sont toutes des entrées d'argent sur lesquelles nous avons dû faire une croix depuis que nous avons quitté ! Il convient d'en tenir compte lorsque l'on budgète notre future expérience à l'étranger!

Pour conclure sur cette question d'argent, et avec du recul, je dirais que plus vous avez d'enfants, plus il faut le « calculer » dans le bilan.

Trucs et astuces : On m'a demandé en entrevue radio si le système québécois était meilleur ou pire que le système américain. Je ne crois pas qu'il faille choisir le meilleur : ils sont simplement différents. On paie moins de taxes ici, mais on paie plus de frais quand on a besoin des services.

Il importe de monter un dossier afin de faire un budget, et de bien creuser, d'établir les entrées et les sorties d'argent, ainsi que les zones grises. Il convient de trouver les ressources financières possibles et d'être le plus réaliste possible pour éviter les mauvaises surprises!

SECTION 7 : L'INTÉGRATION DES ENFANTS DANS LEUR PAYS D'ACCUEIL

Un jour, j'ai découvert que mon aînée avait des allergies. C'était un samedi tranquille à la maison au Québec. Comme à peu près à tous les repas depuis que j'ai eu ma troisième, Ève, j'ai du mal à demeurée assise car je me relève constamment pour aller chercher un peu plus de ceci ou de cela, ou quelque chose que j'ai oublié. Ça donne des repas un peu chaotiques, où je sais plus ou moins ce que je mange moi-même, et au cours desquels je sors souvent 26 aliments plutôt qu'un pour satisfaire tout le monde.

Cette journée-là, Maxim s'est mise à gémir et à se tortiller. Elle n'était pas autorisée à sortir de table, mais elle en a fait fi; elle est allée se coucher sur le divan du salon en tenant son ventre. Elle avait deux ans. J'ai tout de suite compris qu'il se passait quelque chose et j'ai soulevé son chandail : elle était couverte de « spots » rouges et sa peau enflait. Par je ne sais quel hasard, nous avions du Benadryl à la maison. Je lui en ai donné et je me suis garochée à l'urgence. Dans la voiture, elle somnolait à cause du Benadryl, mais comme je ne connaissais pas les effets de ce médicament, je croyais qu'elle était entrain de mourir. Je suis entrée dans la salle d'urgence en hurlant que ma fille mourrait alors qu'elle était inconsciente dans mes bras.

Quelques minutes plus tard, la situation était sous contrôle. Maxim avait reçu des stérodes, se portait mieux et de mon côté, je me calmais tranquillement, avalant ma pilule que la vie ne serait plus jamais simple pour ma petite cocotte. Nous sommes reparties de l'hôpital avec une prescription d'EpiPen, soulagées que cet épisode soit terminé et en espérant que ça n'arrive plus jamais.

Or, ça s'est reproduit. Nous étions à la plage en famille, il faisait très chaud, et tout le monde était affamé après une journée complète au soleil. Les enfants tournaient autour de moi dans la chambre d'hôtel en chignant pendant que j'essayais d'organiser mes affaires pour qu'on se rende au restaurant. À un certain point, je me suis énervée et je leur ai donné des barres tendres sans regarder les ingrédients. Pour faire une histoire courte, Maxim a fait un choc anaphylactique, s'est retrouvée en ambulance, Martin à ses trousses pendant que je suis restée à l'hôtel avec les deux bébés. Cette fois-là, j'ai passé une nuit sur la corde à linge à pleurer, en pensant que j'avais peut-être tué ma fille (car évidemment c'était la fois ou Martin n'avait pas son chargeur de téléphone...). Elle est rentrée saine et sauve le lendemain midi.

Nous nous sommes alors mis à tout surveiller, à lire tous les étiquettes, à aviser tout le monde de son allergie, à devenir presque paranos. Jusqu'au jour où j'ai décidé de rendre visite à Maxim à l'école, un midi. Elle était en maternelle. Quand je suis arrivée à la cafétéria, je suis restée bouche-bée. Elle était assise-là, en mangeant son lunch, alors que tous les enfants autour d'elle mangeaient l'aliment auquel elle avait une allergie... mortelle.

Dans un moment de panique, j'ai retiré Maxim de là, et j'ai demandé à parler à la personne responsable. Il semble que cette journée-là, par hasard, la personne responsable était malade et que Maxim s'était trouvée dans une situation extraordinaire. Ce jour-là, j'ai réalisé que c'est souvent dans des situations extraordinaires, justement, que les gens meurent dans des accidents!

Ce jour-là, j'ai changé mon approche. Ce jour-là, j'ai compris <u>qu'intégrer nos enfants à la société ne signifie pas d'adapter tout le monde à notre enfant, mais de faire en sorte que notre enfant s'adapte à tout le monde</u>.

Quand tu fais face à une allergie alimentaire, tu as deux

choix : te protéger toi-même, ou t'attendre à ce que la terre entière fasse équipe pour te soutenir. Entre vous et moi, cette situation n'arrivera pas! C'est cette fois-là que j'ai décidé que Maxim apprendrait à prendre soin d'elle-même.

À partir de ce moment, j'ai acheté tous les allergènes et les ai tous mis exactement où je les mettrais dans la cuisine si elle n'avait pas d'allergies! Je lui ai montré. Je lui ai expliqué. Je lui ai clairement fait comprendre que si ceci entrait dans sa bouche, elle mourrait. Je lui ai dit que c'était à elle de se laver les mains avant de manger, de questionner le contenu de  ce qu'elle mangeait quand elle ne le savait pas, d'informer les gens de son allergie, de toujours savoir où se trouve son EpiPen et de s'assurer de l'avoir avec elle en tout temps. Je lui ai aussi plus tard montré à lire la liste des ingrédients en la sensibilisant au fait que même moi, sa mère, la personne qui l'aime le plus au monde, pouvait se tromper ou oublier et lui donner les aliments « maudits ». C'était à elle de prendre la responsabilité d'elle-même.

Votre intégration et celle de vos enfants dans votre pays d'accueil est entre VOS mains. Vous pouvez vous attendre à ce que vos voisins viennent sonner en faisant la file avec un panier de fruits, que l'école annonce votre arrivée à tous, etc., mais vous pouvez aussi être déçus! On arrive chez les gens dans leur routine et dans leur quotidien. Ils ont une histoire, un passé.

Bien souvent, au début, ils ne comprennent même pas ce que nous disons et c'est juste plus compliqué pour eux de nous faire de la place. Un peu comme l'histoire vécue avec les allergies de Maxim, on apprend en devenant expatriées que c'est à nous de faire en sorte que l'intégration se passe bien. C'est à nous de nous faire comprendre par les gens, c'est à nous d'apprendre la langue et de comprendre la culture, et c'est <u>normal</u>.

L'idéal est de faire une liste de choses à faire pour ouvrir des portes et ainsi aider nos enfants à s'intégrer, malgré souvent la barrière de la langue. Il faut « foncer dans le tas ». Les inscrire à des sports (ils apprennent beaucoup sans avoir à parler), aller visiter la bibliothèque et participer aux activités qui y sont offertes, s'inscrire dans les activités culturelles de la région. J'avais même décidé de faire le tout pour moi-même aussi, pour montrer l'exemple! Je me suis inscrite à des cours de photographie et de yoga et je me suis intégrée à un club de course. Plus on rencontre des gens, plus on ouvre des portes, mieux on s'intègre, mieux on découvre la culture et on devient, en partie, un des leurs. Du moins, on s'intéresse, on s'adapte et on s'intègre.

Bref, ne vous attendez pas à ce que les gens qui vivent leur vie normale, dans leur routine, vous déroulent le tapis rouge! Oui, vous rencontrerez des gens hyper-aimables, j'en suis certaine, mais faites votre bout de chemin, un gros bout de chemin. Adaptons-nous et montrons l'exemple à nos enfants.

Évidemment, ce sera plus facile dans certain contextes que dans d'autres. En effet, si vous allez vivre dans un quartier de Québécois, que vos enfants fréquentent une école francophone, que les produits que vous consommez sont pratiquement les mêmes qu'au Québec, ce sera plus facile que si vous vivez dans un village où vous êtes le seul étranger, que les enfants doivent apprendre une autre langue et que la religion locale est très présente et pas la vôtre.

Comme on en a parlé plus tôt, l'adaptation se fera par phases, plus ou moins longues selon le lieu de l'expatriation, la personnalité et l'expérience de chacun, et la règle d'or demeure de se donner du temps.

Trucs et astuces : Ouvrez des portes et montrez à vos enfants à faire de même, en vous inscrivant à des activités par exemple.

Aussi, enseignez à vos enfants à être curieux, à accepter la différence dans le respect, qu'ils soient d'accord ou pas avec les mœurs et coutumes. Ils ne sont pas obligés de se conformer aux différences, mais ils doivent savoir qu'ils doivent essayer de les comprendre.

Enfin, pour accompagner votre enfant au maximum, voici des trucs pour aider votre enfant à se sentir chez lui et à développer leur résilience dans des moments plus difficiles :

1. Demeurez connectés avec le bien-être de votre enfant, peu importe ce qu'il se passe et vos stress d'adultes liés au déménagement et à l'organisation.
2. Fixez avec votre enfant des objectifs atteignables à court terme.
3. Faites-le participer aux décisions liées à l'organisation.
4. Laissez-le parler, communiquer et s'exprimer librement sur ce qu'il ressent! Il ne faut pas banaliser sa perception, cette réalité qui est bien présente dans sa tête.

SECTION 8 : L'ÉCOLE À LA MAISON

Voici un autre choix qui peut être fait par les parents. Souvent, il dépend de la destination choisie et du système scolaire dans lequel se trouvera l'enfant dans le pays d'accueil. Les frais liés au système d'éducation peuvent aussi être en cause.

Personnellement, je lève mon chapeau aux gens qui font ce choix, lorsque ça en est un! En effet, j'ai constaté que non seulement la mère (car il s'agit souvent d'elle, on ne se le cachera pas) se retrouvera quelque peu contrainte à demeurer à la maison (ou limitée dans ses mouvements) car les enfants sont pratiquement toujours collés à elle, mais en plus, il s'agit d'une toute nouvelle relation qui doit naître entre les parents et les enfants : celle de professeur – élève.

Faisable? Oui, certainement! Un défi que vous souhaitez relever? À vous d'aller creuser plus loin sur ce terrain. Je vous conseille fortement d'entrer en relation avec des expatriés qui ont fait ce choix et de bien vérifier avec eux ce que le concept implique au quotidien. De plus, si vous avez plus d'un enfant, il faut considérer le fait qu'il s'agira d'enseigner à des enfants de différents niveaux à la fois.

Évidemment, il en va aussi des habiletés et aptitudes de chacun, des possibilités pratiques et parfois aussi du compte de banque! Personnellement, je suis particulièrement attachée à l'idée que ça prend un village pour élever des enfants et que s'ils ne reçoivent que mes enseignements et ma façon de faire, il leur manquera quelque chose.

Comme je le mentionnais, ce n'est pas toujours un choix pour les expatriés. En effet, il arrive que pour des raisons financières ou autres, le choix de l'école en institution ne soit pas possible et que le coût de vivre cette belle aventure à l'étranger soit celui de l'école à la maison!

Trucs et astuces : Si pour une raison ou pour une autre vous décidez de faire l'école à la maison, je porte à votre attention qu'il existe des ressources auprès de notre gouvernement du Québec pour vous accompagner dans ce projet!

SECTION 9 : L'APPRENTISSAGE DE LA LANGUE... OU LE RÉEL DÉFI

Avant de quitter le Québec, Martin et moi nous demandions à quelle vitesse les enfants apprendraient l'anglais et quel serait le niveau de difficulté pour eux. À quel point ils allaient être déstabilisés dans leur nouvel environnement. Nous nous posions des questions, mais encore une fois, le fait que j'avais déjà vécu une immersion en Italie pendant un an et que j'y avais appris la langue assez rapidement faisait en sorte que j'étais moins stressée.

Les gens nous demandaient si nous allions inscrire les enfants à l'école Internationale ou encore à l'école française. La réponse était non pour trois raisons :

1. Nous souhaitions qu'ils apprennent l'anglais.

2. Nous allions habiter à plus d'une heure d'une école de ce type.

3. Nous ne pouvions pas assumer les frais de plusieurs milliers de dollars par enfant, par année (on en a

quatre...).

C'est ainsi que, plus ou moins certains que ce soit le meilleur pour eux, mais certains que l'on n'avait pas vraiment le choix, on les a inscrit dans une école publique dès qu'ils en ont eu l'âge. Le système scolaire est différent dans chaque pays, et cette décision mérite probablement plus d'attention ailleurs.

Je dirais qu'aux É.-U., ce qui est important, c'est de regarder le classement et la réputation de l'école. Nous étions à l'aise avec le fait que l'école était classée très bonne et à 10 minutes de la maison, dans les rangs de campagne.

Les premiers jours au Texas se sont passés plutôt rondement. En fait, c'était ultra-excitant. On découvrait notre nouvel environnement, notre nouvelle maison, les restaurants mexicains et ceux de BBQ texan ainsi que le superbe décor. On avait deux semaines devant nous pour nous installer tranquillement, passer les fêtes de Nol et compléter « un peu » de paperasse.

Puis est arrivé le premier jour de garderie. Nous avons amené les trois petits à cet établissement que nous ne connaissions ni d'Ève, ni d'Adam. Déjà, sur le terrain, une immense église trônait. Martin m'a alors expliqué qu'ils allaient y aller quelques fois par semaine. O.K.... déjà, ça me sortait de ma zone de confort...

Nous sommes entrés dans la garderie. Nous avons été dirigés vers les classes de chacun des enfants. Pour ma plus vieille, ça a bien été. Elle comprenait mieux ce qui se passait, le concept de garderie et le fait qu'elle rentrerait à la maison plus tard. Martin leur avait confectionné des cartes avec des illustrations pour qu'ils puissent pointer leurs besoins, puisqu'ils ne parlaient pas anglais. Ils pouvaient donc montrer une image de toilette, de nourriture, de vêtement, etc. Nous avons laissé l'aînée dans sa classe en la rassurant que nous allions revenir « tout à l'heure ».

Pour Ève, ma troisième, ça s'est passé plutôt bien aussi, car elle n'avait pas encore deux ans. C'est notre enfant qui s'adapte le plus facilement. Il faut dire qu'elle a commencé à fréquenter la garderie à l'âge de cinq mois, qu'elle a déjà changé de garderie une première fois (c'est la deuxième fois) et qu'elle ne parle pas encore vraiment en français non plus. Donc elle ne semblait pas trop ébranlée par ce qui se passait autour d'elle. Après avoir joué un peu avec elle dans sa classe, nous l'avons aussi quittée.

Alexis est celui qui a créé le souvenir le plus marquant de

cette introduction à la garderie : il comprenait ce qu'il se passait, regardait autour de lui et constatait qu'il ne comprenait rien. Mais lui, les illustrations, il n'en avait rien à cirer! Il  était insécure, pendu à ma jambe, et il m'a lancé ce regard ultra-sérieux dont je me rappellerai toute ma vie en me disant : « Maman! Maman, regarde-moi! Maman, ne me laisse pas ici! ». Sa demande était si intense, je me souviens que ça avait fait mal de le forcer à aller rejoindre ses petits camarades, ne sachant pas moi non plus vraiment aux mains de qui je le laissais.

Nous sommes partis et ça a été difficile. Je ne vous cacherai pas que ça a pris quelques jours au cours desquels je pensais à eux tout le temps. Mais quelle ne fût pas ma surprise de voir à quelle vitesse ils s'intégraient. Après quelques jours, ils racontaient leur journée avec entrain. Après quelques semaines ils commençaient à parler en anglais, et après trois mois, les deux plus vieux (trois et cinq ans à ce moment-là) s'exprimaient couramment en anglais. Les enseignants nous disaient qu'ils ne faisaient pas la différence entre les autres élèves texans et nos enfants.

C'était impressionnant de les voir aller. Quatre mois après notre arrivée, nous commencions la bataille du français à la maison. Et c'est surtout de cela dont je dois vous parler :

-> Le réel défi de la langue

Quand les gens me demandent si l'apprentissage de l'anglais a été difficile pour les enfants, je tiens toujours à spécifier que ce n'est pas l'apprentissage de l'anglais qui est difficile. En fait les enfants sont réellement des éponges, et avec le puissant besoin que ressent l'être humain de communiquer, ça se fait vraiment bien.

Le défi, c'est de préserver la langue maternelle. Même si nous la parlons à la maison. Même si nous insistons pour qu'ils parlent en français entre eux. Même si on leur met des émissions de télévision en français (vive l'ère d'Internet), même s'ils parlent avec la famille sur Messenger, même si on les a abonnés à des envois de livres/magazines en français dès qu'ils ont eu l'âge de lire!

Dès qu'on a le dos tourné, ils passent du français à l'anglais. Éventuellement, avec les années, on ne s'en rend parfois même plus compte. Soudainement, on réalise que ça fait 5-10-15 minutes que toute la conversation a lieu en anglais. On les ramène à l'ordre et ils font le *switch*... qui dure le temps qu'il dure!

Après cinq ans, je dirais que la qualité de leur français est devenue l'une de mes principales préoccupations en lien avec notre expatriation. Ils parlent de plus en plus *franglais* quand on leur demande de parler en français et ça me dérange énormément, pour leur avenir.

En résumé, le *challenge* (vive le franglais qui m'envahit aussi) n'est pas l'apprentissage de la nouvelle langue, mais la perte de la langue maternelle quand l'enfant baigne dans un milieu totalement anglophone à l'extérieur de la maison. Les efforts des parents seuls sont souvent insuffisants.

Cela m'amène à la partie la plus importante du défi :

conserver la langue maternelle quand l'enfant ne parle pas encore lors de l'immersion dans la nouvelle langue. Ça a été le cas d'Ève, qui n'avait qu'un an lorsque nous sommes arrivés au Texas. Après s'être enfermée dans un mutisme pendant quelques mois, Ève a développé des outils pour communiquer avec nous, et ceux-ci n'étaient pas très agréables : crier, pleurer, taper du pied, rire de joie, pointer, chigner, etc. Elle ne parlait pas. Le pédiatre me disait que ça arrivait, que ça pouvait être plus lent, qu'elle était peut-être mélangée entre les langues.

J'ai tenté, lorsqu'elle en a eu l'âge, de la faire intégrer dans le programme des enfants en difficulté au niveau de la langue, à la prématernelle. L'entrée lui a été refusée! On m'a laissé comprendre qu'elle n'avait pas de difficulté. Je ne comprenais rien et j'étais très préoccupé par son entrée à l'école qui approchait de plus en plus.

Je suis donc retournée chez le médecin pour faire examiner son audition. On m'a confirmé qu'elle entendait bien. Le pédiatre m'a référée à un service d'évaluation de l'école. Ève a donc été rencontrée par une panoplie de professionnels, passant de l'orthophoniste à la psychologue, aux professeurs d'anglais et de français, etc. Ils nous ont ensuite conviés à une rencontre pour nous divulguer les résultats :

« Ève n'a aucun problème d'apprentissage, d'audition ou de langage, nous ont-ils dit. Elle parle très bien anglais pour son âge et le communique bien aussi. Ève a simplement choisi l'anglais comme première langue et refuse de communiquer en français. » Bam! Voici le vrai défi des enfants expatriés en lien avec la langue.

Plus tard, lors d'une discussion avec la pédiatre américaine, celle-ci me disait « Voilà la solution, tu n'as qu'à lui parler en anglais ». Cela illustre bien le fait que cette personne ne vit pas dans la réalité de l'expatrié et ne voit pas l'importance de conserver la richesse de notre langue maternelle au sein de notre progéniture.

Trucs et astuces : Peu importe l'âge de vos enfants, le risque de perdre un peu ou énormément leur langue maternelle est beaucoup plus grand que celui qu'ils n'apprennent pas la langue locale. C'est que perdre des acquis est plus facile pour le cerveau que d'en acquérir d'autres, donc s'il est forcé d'apprendre la langue pour s'intégrer, il ne mettra pas les efforts pour conserver ce qu'il a déjà. Ça se résume à : le cerveau choisit la facilité et conserve ce qui lui est utile.

La responsabilité de conserver la langue française repose sur les épaules des parents, si cela fait partie de leurs valeurs, évidemment. Ils devront alors s'assurer que leur niveau de français demeure le meilleur possible. Ce qui peut sembler assez banal au début le devient de moins en moins, croyez-moi! Ainsi, mieux vaut prévenir que guérir : je vous conseille fortement d'envisager des immersions en français le plus régulièrement possible. Sinon, la lecture, la télévision, les jeux de société, la musique et les échanges à travers les réseaux sociaux (l'application Messenger Kids avec la famille, peut-être?) sont des outils fort intéressants et même importants au quotidien.

Je vous conseille également de vous référer aux ressources disponibles à ce sujet, dont le site devenirbilingue.com.

Aussi, dès le départ, je suggère que vous émettiez la règle de ne parler qu'en français à la maison!

SECTION 10 : CONSERVER LA CULTURE QUÉBÉCOISE

Partir ne veut pas dire que l'on perd notre identité de Québécois, et c'est la même chose pour nos enfants. Or, c'est peut-être un peu plus difficile pour eux de conserver leur culture québécoise pour deux raisons :

1. Ils sont comme des éponges et absorbent très vite ce qu'il se passe autour d'eux dans leur terre d'accueil.

2. Ils ont moins de références et de souvenirs que nous sur ce que représente leur culture d'origine, surtout lorsqu'ils sont très jeunes.

Ainsi, afin de conserver nos traditions et ce que nous sommes en tant que Québécois à l'intérieur des murs de notre maison, nous finissons par développer des trucs. Certains sont naturels, d'autres nécessitent un peu plus d'efforts. Après avoir observé ce que nous faisions chez nous, puis tâté le terrain auprès d'autres expatriés Québécois, voici les principaux éléments qui reviennent souvent :

1. Aller en vacances au Québec, si possible une fois par année. Cela fortifie non seulement les liens de nos petits avec la famille et les amis, mais aussi avec la culture, le « parler » québécois, les traditions et les habitudes de notre pays. Les enfants s'immergent dans leur pays de naissance et font le plein de ce que l'on peut appeler leur culture québécoise.

2. D'une façon moins dispendieuse, il est aussi intéressant de rencontrer des Québécois dans notre pays d'accueil. Personnellement, ce n'est pas quelque chose que je recherche quand je viens d'arriver. Mon désir de m'intégrer et de prendre le rythme de l'endroit le plus rapidement possible fait en sorte que j'aime mieux rencontrer des gens locaux, parler leur langue et suivre leurs habitudes et coutumes. Par contre, après quelques temps, il est intéressant de passer du temps avec d'autres familles québécoises! Ainsi, les enfants jouent avec d'autres petits qui vivent une situation similaire à la leur, ils parlent « québécois » ou français et constatent qu'ils ne sont pas les seuls à vivre ce genre d'expérience.

3. Si nous en avons les moyens et si nous sommes prêts à vivre avec une personne qui n'est pas de la famille dans la maison, on peut engager une nounou québécoise, pour l'été par exemple. Ainsi, une tierce personne vient parler notre langue aux enfants et leur fait vivre les journées au rythme de ce que l'on fait chez nous.

4. Parler « québécois » à la maison. La langue française,

c'est important, oui, mais sensibiliser les enfants à nos expressions, leur faire entendre la radio de chez nous, ou encore la télévision, aura un impact sur leur identité québécoise le jour où ils seront de retour au pays.

5. J'en parlais plus haut, mais la musique et la télévision du Québec sont un bagage culturel très important. Ce sont des outils auxquels nous n'avions pas accès avant qu'Internet entre dans nos vies, et c'est fantastique! Oui, pour la langue, mais aussi pour le contenu! Les émissions pour enfants représentent un immense trésor, non seulement pour notre langue, mais aussi pour nos habitudes, pour nos mœurs et pour notre culture, à la puissance 1000!

6. La bouffe! À titre d'exemple, les chefs québécois sont devenus mes meilleurs amis dans la cuisine pour concocter des petits plats de chez nous pour toute la famille! On trouve des recettes en ligne, sur à peu près tous les mets possibles qui pourraient nous réconforter en nous rappelant la « maison »! Pour les enfants, je cuisine régulièrement du pâté chinois ou des crêpes. D'ailleurs, les enfants se sont fait demander à l'école pourquoi ils mangeaient leur tacos (crêpes) avec du sirop! Haha! Évidemment, le retour au Québec est toujours accompagné de la dégustation de produits alimentaires typiques tel que les bagels St-Viateur, les bleuets dans le chocolat des Pères Trappistes, le fromage en grains, les produits de l'érable, etc.!

7. Internet! C'est de la magie! Quand j'étais jeune

et que nous vivions en Afrique, je n'avais pas accès à cela, et c'est d'une puissance infinie! Alors que, petite, je devais sortir papiers et crayons, rédiger par écrit, envoyer par la poste, espérer que la lettre se rende, que la personne me réponde et que je reçoive cette réponse, il s'agit aujourd'hui d'appuyer sur le bouton « appeler »! Incroyable, non? Mes enfants sont à UN doigt de parler avec n'importe quelle personne, en tout temps! Si bien que j'ai dû établir des règles pour ne pas avoir l'impression que nous avions des visiteurs constamment dans la maison!

Bien sur, tous ces éléments ne font pas qu'ils grandissent comme si nous étions au Québec, mais cela contribue à garder cette culture vivante, alors que nous sommes occupés à vivre une vie bien remplie d'aventures et d'expériences, à apprendre une nouvelle langue et à s'ouvrir au reste de la planète!

Trucs et astuces : Dans cette section, je vous donnais plutôt mes trucs, mais j'aimerais tout de même attirer votre attention sur un élément : Votre enfant gagnera plus qu'il ne perdra, à travers ces expériences. Ainsi, n'ayez pas peur de la perte, c'est plutôt un investissement!

-> Conserver la culture québécoise d'un enfant qui

n'est pas né au Québec

J'ai mis au monde un enfant au Texas, et c'est un peu ce que l'on cherche à faire avec notre petite américaine : lui inculquer notre culture du Québec. Pour l'instant, au moment où j'écris ces lignes, elle n'a aucunement connaissance de ce qu'il se passe. Du haut de ses 2 ans, Abigail dit quelques mots en franglais et son expression favorite est « Oh my god! ».

Elle appartient jusqu'à maintenant plus à notre culture québécoise, mais comme elle a commencé la garderie depuis quelques mois à temps partiel, je sens que le vent tournera sous peu. Elle joue avec des enfants qui apprennent l'anglais, et son frère et ses sœurs parlent de plus en plus en anglais entre eux. Nous sommes donc conscients que ce n'est qu'une question de temps et qu'avec son développement dans ce milieu, l'anglais deviendra bientôt son premier réflexe.

Trucs et astuces : Il s'agit de lui imposer le français comme on le fait avec ceux qui sont nés au Québec, de lui parler le plus souvent possible de notre culture, et de l'amener « faire des saucettes » au Québec. Car il est important pour nous que nos enfants soient en contact avec leurs racines québécoises!

SECTION 11 : LA GROSSESSE À L'ÉTRANGER – ÊTRE LOIN DE SES PROCHES

J'ai mis au monde mes trois premiers enfants au Québec. Ainsi, ma toute nouvelle expérience d'accoucher a eu lieu en terrain connu, à Montréal. Les explications données tant par le médecin qu'aux cours prénataux et en salle d'accouchement étaient en français.

Je connaissais bien les coutumes et les mœurs. J'étais aussi entourée de ma famille et de mes amis proches. Quelqu'un est venu s'occuper de notre chien à la maison lors de mon premier accouchement, et quelqu'un est venu s'occuper des autres enfants aux 2e et 3e accouchements. On pouvait compter sur notre réseau, notre famille.

Je savais exactement combien ça me coûterait, ou à peu près : presque rien, sauf si je prenais la décision d'avoir des soins privés ou une chambre en solo à l'hôpital. Mais dans le confort, on ne réalise pas toujours que l'on y est. C'est lorsque l'on sort de notre zone de confort que l'on réalise ce que l'on a « perdu »!

Ainsi, quand je suis tombée enceinte à l'extérieur du Québec, c'est un monde inconnu qui est apparu devant moi. Oui, je savais ce que mon corps était capable de faire peu importe le système médical dans lequel je me trouvais, mais les questionnements étaient tous autres! Je l'ai compris dès mes premiers rendez-vous médicaux :

 1. quand on m'a demandé de signer des centaines de pages d'histoires de coûts et de paiements.

 2. quand j'ai dû débourser 400 $ à chaque visite médicale en prévision de cet accouchement, pour amortir les coûts finaux.

3. quand on m'a offert de faire le test de la trisomie 21 pour 2500 $ « environ »!

Tout à coup, nous devions prendre des décisions que nous considérions médicales sans savoir où ça allait nous mener – on n'est pas médecins! À un certain point, on m'a même suggéré de ne pas passer par nos assurances, pour éviter une facture de 2500 $. Nous étions honnêtement un peu perdus parmi toutes ces façons de faire de nature administrative!

L'aventure nous a finalement menés à accoucher avant ma date, car ça convenait mieux à l'horaire du médecin. D'autres changements au niveau de la procédure ont été surprenants : j'ai rencontré la personne qui faisait les épidurales pour la première fois de ma vie, et il a respecté le rythme de mes contractions en procédant à l'anesthésie (thumbs up for that one!).

De l'autre côté, aucune infirmière n'a fait le suivi chez moi. Je devais aller à l'hôpital et payer chaque service. Bref,tout un monde de différences avec lequel nous avons dû composer sans trop savoir où ça nous mènerait dans les faits et … dans les frais! J'ajouterais le tout, sans ressource pour garder nos trois autres enfants lorsque j'étais à l'hôpital pour accoucher. Heureusement, j'avais eu le temps de rencontrer des personnes extraordinaires depuis que nous étions ici et en qui j'avais suffisamment confiance pour leur laisser nos enfants pendant deux jours!

Tout cela pour dire que le casse-tête d'accoucher à l'étranger augmente l'intensité de l'expérience de mettre un enfant au monde. Il s'agit soudainement de découvrir un nouveau système et d'avancer en démêlant les informations au fur et à mesure. De mon côté, j'avais l'avantage de ne pas être dans l'inconnu d'un premier accouchement en plus!

Trucs et astuces : Posez des questions. Posez des millions de questions. Dans la mesure du possible, avant de tomber enceinte. Sachez comment fonctionne le système médical, les frais liés à tout cela. Informez-vous sur les façons de faire, les technicalités et les coûts. Dans certains cas, il pourrait même valoir la peine de songer à rentrer au Québec pour mettre au monde votre enfant et bénéficier du support de vos proches et d'un système que vous connaissez bien, quitte à retourner dans votre pays d'accueil ensuite!

SECTION 12 : L'ENFANT NÉ À L'ÉTRANGER

Il y a tellement de situations et de possibilités imaginables, sûrement autant qu'il y a de parents québécois expatriés à travers le monde! Ainsi, je n'entrerai pas dans les détails juridiques de chacun d'eux, parce que je remplirais une bibliothèque au complet. Par contre, je vais partager notre expérience avec vous.

Dans notre cas, la situation était assez simple, car Abigail est née aux États-Unis de deux parents québécois. Comme Martin et moi venions d'une culture semblable et que nous avions déjà trois autres enfants ensemble, nous savions déjà quel serait le portrait de la situation de la petite à naître. On savait qu'elle porterait nos deux noms, quel genre d'accouchement on visait et dans quoi on s'embarquait. On avait déjà aussi des réponses à nos questions concernant les frais et les assurances.

Au plan juridique, j'avoue qu'en tant que cordonnier mal chaussé, je n'ai pas fait énormément de recherches légales. J'étais confiante que nous pourrions obtenir pour elle la double nationalité et son passeport canadien, ce qui s'est produit. Je n'étais pas inquiète de la situation politique pour ses droits et je savais qu'à quelques différences près, sa situation se rapprocherait pas mal de celle de sa fratrie!

Or, ce n'est clairement pas le cas de tous les enfants nés à travers le monde. Dans certains pays, les parents ne pourront pas sortir l'enfant du pays sans certaines autorisations particulières. Je pense aussi aux enfants nés d'un parent québécois et d'un parent ayant une autre nationalité. Il arrive qu'un parent se voit empêché de sortir son enfant d'un pays à cause du refus de l'autre parent, et qu'il se voit contraint à demeurer à l'étranger (si ses papiers le lui permettent) pour demeurer auprès de son enfant. Que dire des parents qui, à la suite d'un divorce, se verront forcés de quitter le pays, alors que leurs enfants devront légalement y rester?

Trucs et astuces : Bien des situations peuvent devenir complexes et abracadabrantes. Il est primordial de se poser beaucoup de questions avant de commettre l'irréparable. Au risque de materner plusieurs d'entre vous, je vous conseille fortement, et malgré tout l'amour qui vous habite pour votre conjoint, de vous informer avant de prendre la décision de former une famille.

Il convient d'avoir les bonnes informations entre les mains et de connaître les conséquences que pourraient avoir votre décision de mettre au monde un enfant à l'étranger sur les 15-20 prochaines années de votre vie. Ce n'est pas uniquement la question de la grossesse qui est en jeu, ici. Ce sont toutes les années d'enfance de votre enfant par rapport à ses droits, et aux vôtres.

SECTION 13 : ATTENTION, L'ENVIE DE L'EXPATRIATION S'ATTRAPE

Je pose souvent la question suivante aux Québécois expatriés que je rencontre : « Penses-tu qu'on naît expat ou qu'on le devient? ».

Pour ma part, plus le temps passe et plus je discute avec des expatriés, plus je pense que la réponse est loin d'être coulée dans le béton. C'est que d'un côté, certaines personnes naissent manifestement avec le désir d'apprendre « outside the box », de découvrir et de se lancer dans le vide, hors de leur zone de confort. C'est un trait de personnalité qui est là dès le départ.

Et de l'autre côté... Quand on y goûte... lorsque l'on plonge un orteil, il est presque impossible de ne pas plonger dedans au complet! Le sentiment positif qui survient lors d'une sortie de zone de confort est si puissant que l'on devient assoiffés de celui-ci! Quand, en plus, cela est ressenti alors qu'on est tout jeune, je pense que l'on crée cette normalité, cette dépendance chez notre enfant qui sera à son tour à la recherche de l'expérimentation de situations extraordinaires! En plus, il n'y verra pas tant de singularité, puisqu'il aura vu ses parents faire la même chose depuis presque toujours!

Attention, cependant. Alors que je suivais une formation préparatoire à mon expatriation lorsque je m'apprêtais à partir pour un an en Italie, à l'âge de 17 ans, j'ai appris l'existence d'une donnée fort intéressante. En effet, il y était enseigné que l'aventure de l'expatriation est vécue à travers des cycles, des phases (celles dont je parlais plus tôt). Bien que chaque expérience soit unique, elles suivent toutes un « pattern » à prendre en considération. Sans entrer dans le détail de celui-ci, il faut noter que le déménagement à l'étranger comporte des hauts et des bas.

Plusieurs expatriés songent, quand ça va moins bien, à rentrer à la maison, à repartir chez eux. C'est compréhensible, c'est la ligne facile à suivre. Quand on sort de sa zone de confort, on se met en mode recherche de confort, justement! Et l'option la plus facile est celle de retrouver notre vie douillette d'autrefois.

Or, je dois répéter que c'est après cela que la magie opère! C'est quand on passe à travers cette période plus sombre, que TOUS les expats vivent, que l'on accède à ce que l'expatriation a de plus beau à nous offrir! Ce sentiment de s'être adapté, d'avoir réussi son expatriation, c'est le summum!

Nos enfants n'ont pas vraiment le « choix », dans cette histoire. Comme on ne leur donne pas le choix d'apprendre à faire du vélo. Plusieurs résistent, vont nous dire qu'ils n'aiment pas ça, qu'ils vont se faire mal et qu'ils craignent de tomber. Mais au delà de cela, si nous, les parents, leur montrons que nous n'avons pas lâché et que nous y sommes arrivés, il sauront qu'ils le peuvent aussi.

« Monkey see, monkey do... »

À mon avis, il s'agit d'un outil qu'on leur transmet pour la vie : peu importe où tu es et combien les choses sont différentes de ce que tu connais, tu pourras toujours y trouver un sens et ton bonheur.

Je vous jure que le jour où ils auront saisi ça, ils auront « attrapé la maladie de l'expatriation ».

Trucs et astuces : Si votre idée est faite, si vous êtes certains de vouloir vivre cette aventure, ne relâchez pas votre anxiété sur vos enfants. Ils vont sans doute dupliquer votre propre sentiment face à cette expérience, donc usez de votre pouvoir de persuasion et d'influence pour leur démontrer à quel point le projet est génial. Dès les moments plus difficiles passés, ils auront la piqûre!

SECTION 14 : LE RETOUR (MISE EN GARDE)

De toutes les expériences d'expat qui m'aient été donné de vivre, ce que je redoute le plus aujourd'hui, c'est le retour. Chacun d'eux. À chaque fois. Juste d'y penser, j'ai des frissons. Et ça, j'ai aujourd'hui l'impression que l'on ne peut le comprendre que lorsqu'on l'a vécu. Malgré que vous soyez en train de le lire en ce moment, et qu'on vous l'ait répété des dizaines de fois, il me semble que l'on n'est jamais prêts à cela. En tout cas, personnellement, c'est vraiment le squelette qui se cache dans mon placard.

Aujourd'hui, ce qui me réconforte beaucoup face à ce sentiment de malaise, ce sont les échanges que j'ai eu avec des centaines d'anciens expats qui ont vécu les mêmes étapes que moi.

Au même titre que le sentiment incroyable de la découverte de notre nouvelle terre d'accueil, celui du retour est bien excitant et séduisant aussi : revoir la famille, les amis, la neige. Retrouver les traditions annuelles et notre système québécois a quelque chose de bien réconfortant. J'ai toujours comparé le sentiment à celui de remettre nos bonnes vieilles pantoufles : chaudes, confortables, qui ont « pris le pli ».

Or, le temps passe au retour aussi et rapidement, on se sent envahit par un ressentiment de « *same old* ». Aujourd'hui, je comparerais celui-ci à la sensation de reprendre avec un ex-conjoint dont nous avions gardé un souvenir parfait. Soudainement, on retrouve la même haleine du matin, les mêmes travers et surtout, les mêmes « *patterns* » qui en ont un jour fait notre « *ex* ».

Puis on réalise que « mau-tadine, ça va être la même affaire ». Et le RETOUR à la normalité est pire que la normalité en soi, selon moi. Car entre-temps, on en est sortis. On a vu, vécu et vaincu. On s'est habitué à une réalité sans les travers de celle du passé, on a vécu  d'autres expériences et on est devenu avide de « nou-veautés » et de « plus ».

Puis en même temps, tout est si différent. La vie a continué sans vous et les gens ont donc évolué et changé. Ce qui vous semblait familier pourrait donc plutôt vous sembler complètement étranger.

La première fois que j'ai vécu un retour, et c'est la raison pour laquelle je vous en parle ici, c'était lorsque j'étais une enfant. En effet, car la première fois où nous sommes partis du Québec, j'avais deux ans (je ne m'en souviens pas) et je suis revenue une première fois à l'âge de cinq ans. J'étais encore jeune et j'ai tendance à penser qu'un enfant très jeune est bien là où ses parents sont réellement bien et heureux. Le lieu, les traditions, vivre ou pas avec la famille élargie et les proches n'avait alors pas son importance pour moi, selon mon souvenir. Mais nous sommes repartis lorsque j'avais sept ans, et c'est au retour à mes neuf ans que ça a été brutal.

Bien sûr, j'étais contente de revoir la famille, la neige, etc., mais je devais soudainement vivre dans un nouveau système qui n'avait jamais vraiment été le mien. Qui était différent du système dans lequel j'avais toujours grandi. Je trouvais les enfants de l'école différents, voire méchants. Je n'étais pas comme eux, j'avais un vécu différent, un accent différent, et bref, je ne me mêlais pas bien à l'homogénéité des enfants de ma petite ville de banlieue.

Au fil du temps, je réalisais que je vivais dans un monde à part de celui de mes camarades de classe. Je voyais bien qu'ils passaient leurs fins de semaines dans les centres commerciaux, alors que j'étais à peine entrée quelques fois dans ces établissements. Je constatais que je recevais une éducation différente, qui prônait le savoir et non l'avoir, et que toutes les activités que je faisais ou presque était liées à l'apprentissage que j'en faisais, à l'éducation que ça m'apportait. C'est comme ça que j'étais élevée et ce, jusque dans les moindres détails : aucun de mes camarades de classe québécois n'avait un bidet à la maison.

Ce que j'ai appris à faire, en tant qu'enfant, au fil du temps, était de me fondre dans la masse. De travailler à ressembler le plus possible aux autres pour me faire accepter. Me conformer était la solution que j'avais trouvée. Peu importe qui j'étais et d'où je venais. J'ai été résiliente et je me suis réorganisée dans cet univers qui n'était pas tout à fait le mien.

C'est un peu ce qui se produit quand on est un enfant d'expat. On n'appartient jamais totalement à une culture ou à une autre. Mais on apprend à vivre selon l'endroit et les gens avec qui nous nous trouvons. Et je pensais qu'à travers cela, j'avais trouvé la clef pour me sentir bien.

Or, je suis allée vivre en Italie lorsque j'avais 17 ans. Et le même phénomène s'est produit à mon retour : je ne me retrouvais plus. Après une année à vivre la nouveauté, l'apprentissage d'une nouvelle culture et d'une nouvelle langue et la rencontre de personnes formidables, je suis revenue dans mon ancienne vie. Le mélange de « *same old* » et de tout ce qui m'avait encore une fois transformée a été dévastateur. Tout était trop pareil et trop différent à la fois. Ça m'a pris des mois, voire des années, à m'en remettre. À arrêter de ressentir cette amertume face à cette vieille vie différente que j'étais forcée de retrouver.

Si je vous raconte cela, c'est que je vois souvent des gens qui pensent à l'expatriation en craignant le départ comme si c'était le plus dur défi que leurs enfants auront à surmonter. Et j'ai envie de vous dire que le plus dur, ce sera le retour! Pas parce que le Québec n'est pas un endroit où il fait bon vivre! Pas pour des raisons familiales, financières ou autres! Mais parce que vos enfants auront changé, évolué, grandi d'une façon différente des autres enfants de leur âge qui sont demeurés au Québec. Ils ne seront jamais comme ceux qui ne sont pas sortis de chez eux. Jamais. C'est un peu comme un choc culturel, mais inversé! Il sera alors important de leur expliquer que le retour difficile est normal et de les écouter.

Malgré cela, ils seront à mon avis beaucoup plus riches de leur expérience, mais ça, ils ne le comprendront pas tout de suite. Donc oui, le retour sera difficile. Autant pour eux que pour vous, sinon plus, car ils sont encore en train d'essayer de définir leur identité. Ça prendra du temps et des ajustements. On leur dit qu'ils rentrent « chez eux », mais « chez eux » ne leur ressemble pas vraiment. Cependant, grandir en dehors de sa zone de confort est à mon avis encore plus puissant que dans ce que je commence à aimer appeler le « *same old* ».

Pour en revenir au retour à la maison, c'est tout de même excitant, à prime abord! Depuis des mois, voire des années, l'enfant vit dans la promesse qu'un jour, il « rentrera à la maison ». Le projet est donc extrêmement positif. Comme j'en ai traité plus haut, l'enfant associera l'expérience du retour à ce qu'il vit en « visite » au Québec.

Mais je ne peux pas vous cacher qu'après avoir passé tout ce temps dans un contexte où tout est nouveau, tout est différent, tout est unique (et lui aussi), il découvrira soudainement à travers la routine le sentiment du gris. L'indifférence des autres face à son expérience amènera sans doute chez lui des sentiments qu'il aura peut-être du mal à gérer. C'est que le petit Léo dans le siège d'à côté dans la classe de 4e année se fout sûrement éperdument de ce que votre enfant mangeait pour dîner en Tanzanie.

Le temps passera. Votre enfant saura s'intégrer (ou se réintégrer) à ses pairs. Il découvrira qu'il est plus facile de se mêler aux autres que d'être différent et il parlera sans doute de moins en moins de son expérience. À mon avis, deux scénarios suivront : soit il gardera sa situation unique comme un trésor d'une richesse infinie à l'intérieur de lui (et l'exploitera plus tard), soit il classera le dossier comme terminé dans sa tête et passera à autre chose.

Ce qu'il faut surtout comprendre, c'est que l'enfant vivra des moments marquants et qu'il aura besoin de votre soutien et de votre compréhension.

Trucs et astuces : Misez sur la communication. Vous avez vécu cette magnifique expérience ensemble, vous devez aussi vivre le retour avec lui et ne pas tenir pour acquis qu'il s'agit d'un « simple » retour à la maison pour lui.

SECTION 15 : EN QUOI L'EX-PATRIATION CHANGERA VOS ENFANTS

Les enfants sont en train de se développer. Ils apprennent à se découvrir et à déterminer la place qu'ils occuperont dans la société en tant qu'adultes.

De simples processus d'apprentissage se feront de manière différente. Par exemple, quand les enfants sont expats, ils apprennent à se faire des amis autrement. Ils prennent l'habitude de vérifier avec les relations potentielles quelle est leur histoire avant de faire des activités avec elles, alors qu'au Québec, les enfants jouent ensemble et éventuellement, parce qu'ils ont tout leur temps, racontent leur histoire et partagent leurs secrets.

D'autres petits trucs...

Retourner à la maison ou partir à l'étranger avec une boîte de souvenirs de l'endroit que l'on quitte. Penser à comment on entretiendra les liens : avoir un plan Skype, par exemple. Le choix de l'école sera aussi important.

On peut réduire l'anxiété en faisant des plans pour ce qui s'en vient. Parler de l'école, de la température, de la langue, des vêtements, des activités que l'on fera, de la nourriture, de la géographie, etc.

Si je pouvais vous donner un conseil pour bien vivre votre expatriation en famille, peu importe l'endroit où vous irez et pour combien de temps, c'est le suivant : « Vivez le moment présent. Pour vos enfants, ne vivez pas la vie comme si l'expérience allait s'arrêter demain. Tout en étant très transparent avec eux sur le fait que vous partirez sans doute un jour, ne mettez rien en suspens. »

Je vous illustre ceci avec une anecdote. Je suis allée courir avec une amie texane et je lui ai dit : « Je vais planter des orangers. Ça ne pousse pas au Québec et ici c'est parfait! » Elle m'a répondu : « Tu risques de ne même pas avoir le temps de manger le fruit, ne fais pas ça! Ce sera une perte d'argent et de temps! ».

Quelques jours passèrent, et je suis tombée sur cet extrait d'un livre incroyable :
Third Culture Kids, p. 294* :

« Unpack your bags and plant your trees. Without knowing he had a name for his TCK experience, Ruth's dad, Charles Frame, gave her solid, lifelong advice .
"Ruth, wherever you go in life, unpack your bags – physically and mentally – and plant your trees. Too many people never live in the now because they assume the time is too short to settle in. They don't plant trees because they expect to be gone before the trees bear fruit. But if you keep thinking about the next move, you'll never live fully where you are. When it's time to go, then it's time to go, but you won't have missed what this experience was about. If you never eat from the trees, someone else will. And he followed his advice by planting trees all around their home in Kano, Nigeria. Twelve years after going back to the United States, Ruth made her first trip to Kano. As she picked and ate an orange off one of his trees, she knew he had been right. »

N'ayez pas peur de tisser des liens, de vous intégrer dans la communauté et de vivre la vie comme si vous y resteriez pour toujours. Parce que la vie, c'est maintenant, c'est le moment présent. Et c'est comme ça que les enfants se développeront en apprenant qui ils sont réellement, peu importe la culture dans laquelle ils grandissent.

---

* Third Culture Kids 3rd Edition: The Experience of Growing Up Among Worlds

De Ruth E. Van Reken, David C. Pollock, Michael V. edited by Nicholas Brealey Publishing,   ISBN-10 : 1473657660, ISBN - 13 : 978-1473657663 - p.294

CONCLUSION

Voilà. Je vous ai livré le beau, le laid, l'excitant et l'ennuyant de l'expatriation pour vos enfants. J'ai essayé d'être le plus transparente possible face à mon expérience et j'espère que vous y trouverez tout ce qu'il y a de plus grandiose, en gardant les aspects négatifs dans votre poche seulement pour vous rappeler que certaines situations ou sentiments de cette magnifique expérience sont « normaux ».

Je vous rappelle que vous êtes sur le point de faire de vos enfants des enfants de la troisième culture, dans toute la splendeur du concept. Ils vont se développer d'une façon unique, et c'est à mon avis un immense cadeau. Je tiens cependant à terminer ce livre avec mon meilleur conseil : établissez éventuellement un contact entre vos enfants et d'autres enfants qui ont un vécu semblable au leur. Il sera beaucoup plus facile pour eux de comprendre leur identité propre à travers l'expérience vécue.

UN MOT SUR L'AUTEURE

Dominique Laporte-Marginean est née à Montréal en 1981. Elle est une avocate criminaliste, aujourd'hui entrepreneure aux multiples passions. Elle s'adonne au journalisme, à la rédaction d'articles (texasmama-blog.com), au coaching, au *podcasting* (Texas Mama Blog – Expat) et à la recherche et elle est facilitatrice au sein d'une communauté de Québécoises expatriées.

Mère de 4 enfants et voyageuse philanthrope, elle fait la promotion du passage à l'action dans les différentes sphères de la vie pour accéder à plus, à mieux.

Son aventure avec l'expatriation a commencé dès son plus jeune âge. D'abord en Tunisie, alors qu'elle n'avait que deux ans. Ensuite en Italie, en France et aux États-Unis, en portant différents chapeaux, dont ceux d'étudiante, d'employée, de conjointe accompagnatrice, d'entrepreneure et de maman. Elle a ainsi développé une vue d'ensemble et une sensibilité qui lui permettent de comprendre toutes les facettes différentes de l'expatriation.

Par ailleurs, elle administre un réseau d'expatriées et de futures expatriées québécoises via diverses plate-

formes afin de les aider dans leur processus d'expatriation.